Mindfulne

Michiel van Vreeswijk (MSc) • Jenny Broersen (MSc)
Ger Schurink (MSc)

Mindfulness ve Şema Terapi

Uygulama Rehberi

Türkçesi

Beyza Alımcı • Sezen Çamkıran

Burçin Hande Demir • F. Sevinç Göral Alkan

psikonet

Psikonet Yayınları Kendine Yardım Serisi

Mindfulness ve Şema Terapi - Uygulama Rehberi
Mindfulness and Schema Theraphy - A Practical Guide
Michiel van Vreeswijk (MSc), Jenny Broersen (MSc), Ger Schurink (MSc)

Çeviri editörü: F. Sevinç Göral Alkan
Çevirenler: Beyza Alımcı, Sezen Çamkıran,
Burçin Hande Demir, F. Sevinç Göral Alkan
Yayına hazırlayan: Cem Çobanlı

1. Basım: Ekim 2019
2.Basım: Aralık 2019

ISBN: 978-605-69504-2-1

Baskı ve Cilt:
Dörtel Matbaacılık San. ve Tic. Ltd. Şti.
Zafer Mah. 147. Sk., 9-13A, Esenyurt - İstanbul
Tel.: (0212) 565 11 66
Sertifika No: 40970

Psikonet Yayıncılık ve Eğitim AŞ
Teşvikiye Mahallesi, Valikonağı Cad., Çam Ap.,
No: 161/8, Şişli 34363 - İstanbul
Tel.: (0212) 231 84 43
Faks: (0212) 231 22 77
info@psikonet.com
www.psikonet.com

İçindekiler

Teşekkür

Bu kitap birçok araştırmacı ve pratisyen tarafından geliştirilen fikirleri barındırmaktadır. Özellikle Segal, Williams ve Teasdale'e, *'Mindfulness-Based Cognitive Therapy for Depression'* (2002) adlı kitaplarındaki birkaç uygulamayı kullanmamıza izin verdikleri için teşekkür etmek isteriz. Bu kitabın amacına uygun olarak uygulamalar üzerinde biraz oynama yapılmıştır.

Bennet-Goldman'a da kitabındaki malzemeden bu kitaba uyarlama yapmamıza izin verdiği için (Emotional Alchemy, 2001) ve Susan Simpson'a da İngilizce metin editörlüğü için teşekkür ederiz.

Son fakat aynı derecede önemli olarak; hastalarımıza bize, kendilerinde neyi nasıl gözlemlediklerini "bilinçli bir farkındalık" şeklinde gözlemleme fırsatı tanıdıkları için teşekkür ederiz. Onlardan gelen birçok yorum bu çalışmaya, dolaylı veya doğrudan katılmıştır.

Michiel van Vreeswijk
Jenny Broersen
Ger Schurink

Önsöz

Psikolojik bilimler alanı, duygusal sorunların kökeni ve sürmesini ele alış biçiminde adeta devrimsel bir sürece girmiştir. Bu bakış açısıyla, terapiye gelen kişilere yardım etmek için yeni yollar oluşturulmaktadır. Bu kitap, bu gelişime katkı sağlamaktadır.

70'li ve 80'li yıllarda, klinik psikoloji alanında ana araştırma konusu bilgi işlemedeki yanlılıktı. Bu alan, depresyon ya da çeşitli kaygı bozuklukları yaşayan insanların içsel ve dışsal çevrelerine dikkat verme yollarındaki, geçmişi hatırlama ve geleceği öngörme biçimlerindeki, yargılama ve yorumlayışlarındaki yanlılığı tekrar tekrar gösteren deneyler tarafından egemenlik altına alınmıştı. Bu yaklaşımın bir bölümünü 'şema'lar üzerinde yapılan araştırmalar oluşturmaktaydı. Şemalar, karmaşık bilgilerin kodlanmasını ve geri-erişimini kolaylaştıran bilgi işleme yapılarıdır. Böyle yapılar, bilişsel süreçleri daha verimli duruma getirmede büyük önem taşıdığı gibi, alışılagelmiş olanı bilgi işleme sistemindeki önyargılara dönüştürüp kişide yanlı bir "kendilik", "ben" ve "ben nasılım?" algısı oluşturabilir. Böyle işleme kalıpları bu şekilde otomatikleştiğinde, alışılagelmiş düşünme, hissetme ve dünyayla etkileşim biçimleri şeklinde birleşerek daha üst düzeyli kalıpları oluşturur: Biz buna "kişilik" deriz.

Biliş ve duygu ile ilgili araştırmaların gelişimindeki bu aşama, bilişsel ve davranışsal yaklaşımları yüksek ölçüde etkilemiş ve üretkenlik sağlamıştır. Fakat yeni araştırmalar yapıldıkça, işin içinde başka etkenlerin de olduğunu kademeli olarak anlamaya başladık. Özellikle, kişilerin kendi yanlı bilgi işleme süreçlerine gösterdiği tepkilerin, o tepkinin sürdürülmesinde, şiddetlenmesinde, kaybolması ya da azalmasında, belirleyici rol oynadığını gördük. Araştırmalar göstermiştir ki; duygusal sorunların sürmesine neden olan sadece dikkat, bellek, yargılar ya da şemalardaki yanlılık değil aynı zamanda bu yanlılıklarla başa çıkmak için ortaya çıkan süreçlerdir. Bu süreçlerin iki tanesi başlıca yöntemleri oluşturur: Biri, üzerinde ayrıntılı düşünme, düşünceler içinde kaybolma veya 'ruminasyon'* eğilimi; bir diğeri de kaçınma, baskılama ve kendinden uzaklaştırma eğilimidir. Bilişsel ve davranışsal yaklaşımların bu eğilimleri ele alma biçimi her zaman dolaylı yoldan olmuştur fakat ruminasyon ve kaçınma yöntemlerinin gücüyle ilgili artan farkındalık, bunlarla direkt olarak başa çıkmaya yönelik yeni yollar arama çalışmalarına hız kazandırmıştır.

'Mindfulness' (bilinçli farkındalık) eğitimi bu yollardan biridir. Bize öncelikle, (içsel ve dışsal) deneyimlere anbean dikkatimizi vermeyi, sonrasında da zihnimizin ayrıntılı düşünmeye veya kaçınmaya kendini nasıl kaptırabildiğini açık bir şekilde görmeyi öğretir. Bu eğitim, kademeli olarak farkındalığımızı geliştirir ki; işler istediğimiz gibi gitmediğinde etkinleşen bütün bir zihin modunu görebilelim ve birçok durumda kullanışlı olan bu "yapma" modunun, bize zor ve yıkıcı duygularla başa çıkmak için elimizden gelenin en iyisini yapmaya çalışırken yardımcı olmadığını anlayabilelim. Bilinçli farkındalık eğitiminde, zihinsel kalıplarımızı açık bir şekilde görerek, harekete geçmenin gerektiği durumlarda daha iyi seçimler yapabilir duruma geliriz. Sonuç olarak, daha çok hareket alanına, bilgelik için daha büyük bir kapasiteye ve hem kendimiz hem başkaları için daha derin bir şefkat duygusuna sahip duruma geliriz. Ruminasyon ve kaçınmayla ustalıkla başa çıkabilmeye odaklanan diğer yeni yaklaşımlar ve kabul, bağlılık ve şefkat geliştirici bilinçli farkındalık yaklaşımları, hep birlikte, bizim duygularla ve kontrolümüz dışında gibi gözüken şiddetli zihin fırtınaları sırasında ihtiyacımız olanla ilgili düşünme biçimimizi değiştirmektedir. Klinik deneylerden edinilen bulgular, bilinçli farkındalık yaklaşımının duygusal sorunların hafifletilmesinde büyük etkisi olduğunu göstermektedir. Bu kitap, bilinçli farkındalığın kime hangi koşullar altında en iyi şekilde yardımcı olabileceğini netleştirmede önemli bir adımdır.

Prof. Mark Williams
İyi Hissetme Sanatı - Kronik Mutsuzlukla Baş Etme Rehberi kitabının yazarı

* **Ruminasyon:** Kaygılı bir şekilde tekrarlayan düşünce, takıntılı tasalanma. (Ed. n.)

Kısım 1

Kurumsal Altyapı

1 Giriş

Kişilik sorunları yaşayan hastalar sıklıkla, aşırı duygulanım ya da tam tersine duygulanım yoksunluğu sıkıntısı çekmektedir. Şema Terapi'nin amacı, duygularla onları tetikleyen şema ve modlar arasında bağlantı kurmaktır. Bilişsel-davranışçı terapi, yaşantısal terapi ve sınırlı yeniden ebeveynlik gibi kişiler arası uygulamaların kullanımıyla hastalar duygularını yeniden anlamlandırmayı ve onlara yeni yollardan yaklaşmayı öğrenmektedir. Şema Terapi, giderek artan bir şekilde bilinçli farkındalık tekniklerini kendi alet çantasına katmaktadır *(bkz: Van Genderen & Arntz, 2009; Van Vreeswijk, Broersen, & Nadort, 2012; Young, Klosko, & Weishaar, 2003)*. Bu teknikler yapısı gereği yaşantısal olarak kabul edilmektedir. Şu ana kadar Mindfulness, Şema Terapi için bir eğitim protokolü oluşturulmamıştır fakat böyle bir eğitimde kullanılması olası teknikler, birçok psikiyatrik bozukluğun tedavisinde hatırı sayılır ölçüde bir başarıyla uygulanmaktadır.

Bu kitapta yayınlanan protokol, şema ve modlarla mücadele eden hastalara bilinçli farkındalık eğitimi vermek için açık ve anlaşılır yönergeler içermektedir. Bu uygulamanın amacı dikkat becerilerini geliştirmektir. Hastalar, şema ve modların işleyişini gözlemlemeye ve onların davranış üzerindeki otomatik etkilerini farkına varmaya teşvik edilir. Şema ve modların çalışma şekillerini değiştirmektense, onlara yönelik farkındalık geliştirmeye odaklanır. Dikkat aynı zamanda duyguların, fiziksel duyumsamaların ve şemalarla başa çıkma mekanizmalarının gözlemlenmesinde kullanılır.

Protokol, ikisi kontrol olmak üzere toplam on seanslık kapsayıcı bir program sunmaktadır. Eğitimin gruplara uygulanması öngörülse de kolaylıkla bireysel düzeyde de uygulanabilir. İnternette, http://www.psikonet.com/semamindful adresine giderek, bu kitapta olanlara benzeyen bilinçli farkındalık uygulamalarına (ses dosyalarına) ulaşılabilir. Kitabın sonundaki Ses Dosyalarının Listesi bölümünde ayrıntılı bilgi bulabilirsiniz. Biz bu kayıtları dinlemeyi gerekli görüyoruz çünkü araştırma sonuçları gösteriyor ki, katılımcılar grup seansları dışında kendi başlarına pratik yaptıklarında eğitim daha etkili olmaktadır.

Bazı kişiler için bu protokol zaten aldıkları (Şema) terapiyle eşzamanlı ilerleyecektir. Daha önceden terapi almaya başlamamış kimseler olabilir. Bu durumda şema ve mod farkındalığının geliştirilmesi onları terapiye daha iyi hazırlayacaktır. Bazı kişiler bilinçli farkındalık eğitimine katıldıktan sonra tedaviye ihtiyaç duymayacaktır. Bu, göreceli olarak orta seviyede stres yaşayan ya da tedavi için kısıtlı motivasyona sahip hastalarda sözkonusu olabilir.

Bu kitapta hem "hasta" hem de "katılımcı" sözcükleri kullanılmaktadır. Bilinçli farkındalık eğitim protokolünün anlatıldığı bölümlerde "katılımcı", diğerlerinde "hasta" sözcüklerinin kullanılması bilinçli bir karardır. Eğitime kayıt yaptıran hastalarla, eğitime aktif olarak katılan katılımcıların arasındaki işlevsel farklılıktan ötürü böyle bir ayrıma gidilmiştir. Aynı nedenle, protokolü anlatan bölümlerde "terapist" sözcüğü yerine "eğitmen" sözcüğü kullanılmıştır.

Başka kitaplarda zaten derinlemesine anlatıldığı için, Şema Terapi literatüründeki kişilik bozuklukları tartışmalarına ayrıntılı olarak değinmeyeceğiz *(örn., van Vreeswijk, Broersen, & Nadort, 2012)*. Aynı zamanda grup dinamikleri konusuna da girmeyeceğiz.

Bu eğitimi grup seanslarında uygulamayı düşünenler için kişilik bozuklukları ve grup temelli terapi eğitimi almış olmalarının büyük önem taşıdığını söylemek yeterlidir. Ayrıca Mindfulness Temelli Bilişsel Terapi eğitiminin alınmasını ve Segal, Williams ve Teasdale'in, '*Mindfulness-Based Cognitive Therapy for Depression*' (2002) kitabının okunmasını öneriyoruz.

Mindfulness tekniklerinin Şema Terapi'de, en zorlu kişilik bozukluğu vakalarında bile, uygulanmasından gelen olumlu deneyimlerimiz, bu protokolün yaratılmasını güdülemiştir. Şu anda bir ön-test, son-test ve rasgele seçkili kontrollü deneme araştırması sürmektedir ve sonuçları ileride makale olarak yayımlanacaktır.

Chantal, "Mindfulness ve Şema Terapi Eğitimi'ne" katılmadan önce ani bir ayrılıktan sonra ya da dürtüsel olarak kendini yaraladığı için sıklıkla polikliniklere ya da kriz merkezlerine giderdi.

Başlangıç eğitim seansları sırasında, Chantal bu programdan çok sıkıldığını belirtti. Ona göre program yeterince hızlı sonuç vermiyordu. Eğitmenler ona odağını ortaya çıkabilecek olan hislerinden, düşüncelerinden ya da harekete geçme dürtülerinden başka yere çevirmesini ve tepki gösterme isteğine direnmesini önerdiler. Eğitim boyunca Chantal'ın yaşadığı krizlerin sayısı azaldı ve krizler kontrol sürecinde yok denecek kadar azdı. Chantal, verilen malzemeyi düzenli olarak uygulamamasına rağmen bu eğitimin onun için çok değerli olduğunu düşünüyor. Şema ve modlarının işleyişi ve onların kendisini nasıl da otomatik pilot moduna geçirdiğiyle ilgili farkındalık kazandı. Şema/mod örüntülerini fark edip tanımlamayı öğrenerek, bilinçli farkındalıkla karar verme yetisini geliştirmekte; aynı zamanda otomatik ve dürtüsel davranışlarının sayısı azalmaktadır.

2 Şema Terapi

Şema Terapi, kişilik sorunları ve/veya süregelen Eksen-I bozuklukları olan kişiler için oluşturulmuş bütünleştirici bir psikoterapi biçimidir. Dr. Jeffrey Young tarafından geliştirilmiş olup (Young, Klosko, & Weishaar, 2003), bilişsel–davranışçı terapi, kişiler arası psikoterapi, Geştalt terapi, psikodinamik terapi ve bağlanma kuramı gibi birçok kuram ve teknikleri biraraya getirmektedir *(ayrıntılı bilgi için bkz. Van Genderen & Arntz, 2009; Van Vreeswijk, Broersen, & Nadort, 2012; Young ve ark., 2003).*

Şema ve Mod Tanımları

Şema Terapi, şema ve mod olarak adlandırılan iki kavramı kullanır. Şemalar insanların kendilerini, başkalarını ve kendilerini çevreleyen dünyayı algılama biçimidir. Geçmişte, özellikle çocukluk döneminde, deneyimlenen duyumsal algılar, duygular ve etkinliklerden ötürü oluşurlar *(Arntz, Van Genderen, & Wijts, 2006; Rijkeboer, Van Genderen, & Arntz, 2007; Young ve ark., 2003).*

Şemalar kişilik özellikleri olarak görülürken, modlar *duygudurumları* olarak görülmektedir. Modlar, uyumlu veya uyum bozucu şemalar ve davranışlardan oluşurlar ve belirli anlarda ortaya çıkarlar (Lobbestael, Van Vreeswijk, & Arntz, 2007; Young ve ark., 2003).

Modlar, kişilerin içerisinde uzun veya kısa süre kalabildikleri ruh halleri olarak da görülebilirler ayrıca bir çırpıda değişebilir ve birbirleri ardından gelebilirler.

Şu an'a kadar 19 şema ve 20 mod tanımlanmıştır (*genel bakış için bkz. Tablo 2.1; şema ve mod tanımları için bkz. Ek II–B hasta dosyası*).

Şemalar, Şema Ölçeği ile değerlendirilebilir (YSQ-2; Schmidt,

Tablo 2.1 Şemalar ve modlar

On Dokuz Şema	*Yirmi Mod*
Duygusal Yoksunluk	İncinmiş Çocuk
Terkedilme / İstikrarsızlık	Kızgın Çocuk
Güvensizlik /Kötüye Kullanılma	Hiddetli Çocuk
Sosyal İzolasyon / Yabancılaşma	Dürtüsel Çocuk
Kusurluluk / Utanç	Denetimsiz - Disiplinsiz Çocuk
Sosyal İstenilmeme	Mutlu Çocuk
Başarısızlık	Söz Dinleyen Teslimci
Bağımlılık / Yetersizlik	Kopuk Korungan
Hastalıklara ve Zarar Görmeye Karşı Dayanıksızlık	Kopuk Kendini Uyuşturan / Kendini Avutan
İç içelik / Gelişmemiş Kendilik	Büyüklenmeci
Boyun Eğme	Zorba ve Saldırgan
Kendini Feda	Cezalandırıcı Ebeveyn
Statü Arayıcılık	Talepkâr Ebeveyn
Duyguları Bastırma	Sağlıklı Yetişkin
Aşırı Eleştirellik	Kızgın Korungan*
Olumsuzluk ve Karamsarlık	Takıntılı Aşırı Kontrolcü*
Cezalandırıcılık	Paranoyak*
Haklılık / Büyüklenmecilik	Kurnaz ve Manipülatif*
Yetersiz Özdenetim / Özdisiplin	Kurnaz Avcı*
	İlgi Bekleyen*

* Bu modlar Şema Mod Envanteri'ne (Schema Mode Inventory - SMI-1) henüz eklenmemiştir.
Kaynak: van Vreeswijk, Broersen, and Nadort, 2012. Wiley'den izin alınarak kullanılmıştır.

Joiner, Young, & Telch, 1995), modlar da Şema-Mod Envanteri'ni kullanarak saptanabilir (SMI-1; Young ve ark., 2007).

Şema ve modlar çeşitli şema başa çıkma davranışları yoluyla sürdürülmektedir. Bunlar şema kaçınması, şema telafisi ve şema teslimi olmak üzere üç belirgin başa çıkma yöntemi kavramsallaştırılabilir. Aşağıdaki şekilde tanımlanabilir.

Şema Kaçınması

Birey, şemayı tetikleme olasılığı bulunan durumlardan uzaklaşmaya çalışır ya da şema hakkında düşünmemek ve şema ile ilgili duygular yaşamamak için dikkat dağıtacak şeyler arar. Örneğin Terkedilme / İstikrarsızlık şeması olan bir kişi başkalarıyla bağ kurmaktan kaçınabilir çünkü kişiler arası bağlar sonrasında terk edilme olasılığını da beraberinde getirir. Böyle bir birey, aynı zamanda, ona geçmişteki terk edilme anılarını hatırlatacak durumlardan kaçınır. Böylece bu anılara bağlı olan duygular güvenli bir mesafede tutulmuş olur.

Örnek **Şema Kaçınması**

Bram hayatı boyunca birçok kayıp ile ızdırap yaşamıştır. Beş yaşındayken, ebeveyni boşandıktan çok kısa bir süre sonra annesini göğüs kanserinden kaybetti. Hemen sonrasında babası yeni bir ilişkiye başladı ve Bram'i sıklıkla bakıcısıyla yalnız bırakıyordu.

Bram, kız arkadaşı tarafından beklenmedik bir şekilde terk edildikten sonra tedaviye başladı. Üç ay sonra, bir kadın olan terapisti ona altı haftalık bir tatile çıkacağını söyledi. Bram, bir sonraki randevusuna gitmedi. Terapistine bildirmeden sonraki birkaç seansı da kaçırdı. Terapistinin hiçbir aramasına yanıt vermedi.

Sonrasında terapisti, tatile çıkmadan hemen önce ondan bir e-posta aldı. Bram, daha sonra onunla tekrar iletişime geçebileceğini fakat şu an için tedavinin onu çok fazla strese soktuğunu söyledi.

Şema Telafisi

Birey, şemaya direnmek için tam karşıt davranışı gösterir. Yüksek Standartlar şeması olan birisi, mükemmelliğe ulaşmaya çalışmak yerine dağınık ve dürtüsel davranabilir hatta kaostan hoşlandığını iddia edebilir.

Örnek Şema Telafisi

Erica istisnasız bir şekilde özenlidir. Hatta başkaları onu çok fazla özenli bulmaktadır. Erica işyerinde kendisini, iş arkadaşlarının görünürdeki yetersizliklerine artan bir kızgınlıkla tepki verip tekrar tekrar duvara tosladığını görerek terapiye başvuru yapar.

Vaka kavramsallaştırmasını hazırlarken, Erica'nın kendisini ve çevresindekilerini aşırı yüksek standartlara tâbi tutuğu açık bir şekilde ortaya çıkmıştır. Bu onun işyerindeki sorunlarının nedenlerinden biridir.

Terapist, işin içinde başka şemaların da olduğundan kukulanır ve ona bunu birlikte incelemelerini önerir. Erica, sabırsızlıkla sonuç almayı beklediği için işyeri doktoruna iyileştiğini söyler ve işine geri döner.

Erica işlerini aceleyle yapar ve dosyalarını sıklıkla evde ya da trende unutur. Bu dikkatsizliklerinin onu endişelendirmediğini ayrıca belirtir.

Bir sonraki terapi seansında Erica hüzünlü, sitemkâr ve çaresiz görünmektedir. Patronu onu dikkatsizlikleri yüzünden azarlamış, o da tekrar hastalık izni almıştır. İyi olmamaktan usandığı için terapistinin elini çabuk tutmasını ve ona tavsiyeler vermesini ummaktadır.

Şema Teslimi

Birey, şemalarına uygun bir biçimde davranır. Şema ile uyumlu bir şekilde düşünür, davranır ve hisseder. Örneğin başa çıkma yöntemi olarak şema teslimini kullanan biri, Kendini Feda şeması tetiklendiğinde kendisini başkalarının ihtiyaç ve isteklerine öncelik vermek zorunda hissedecektir. Kendi görüşlerinin önemsiz olduğunu düşünür ve başkalarına yardım ederek kendisini daha iyi hisseder.

Örnek **Şema Teslimi**

Alex terapistine şu hikayeyi anlatır: Dün kız arkadaşım benden mutfak alışverişi yapmamı ve akşam yemeği hazırlamamı istedi. Bu yüzden patronla olan görüşmemi erteleyip işten erken çıktım.

Kız arkadaşım bana günümün nasıl geçtiğini sorduğunda, ona her şeyin iyi olduğunu söyledim. Beklediğim terfi hakkında bir şey öğrenmediğimi, çünkü alışveriş yapmak için patronumla olan görüşmemi ertelediğimi belirttim.

Kız arkadaşım birden çok sinirlendi. Patronla olan görüşmemi ertelememi çok aptalca buldu. Bana her zaman başkalarının işleriyle ilgilenip, kendi işlerimi ihmal ettiğimi söyledi. Ona şaşkınlıkla baktım. Benden markete gitmemi isteyen o değil miydi? Yani niye bunu yapmayayım?

Kişi birden fazla başa çıkma yöntemine sahip olabilir. Şema Terapi, şema ve modların tetiklenmesinde başa çıkma yolunu daha iyi duruma getirmek ve belirli şema başa çıkma yollarında daha az otomatikleştirmek üzerine çalışmayı içerir.

Şema Teknikleri

Şema Terapi*, birçok terapi türüne ait teknikleri kapsayan bütünleştirici bir tedavi yaklaşımıdır.

Şema Terapi'nin merkezinde sınırlı yeniden ebeveynlik denilen bir strateji vardır. Terapi, işbirliği, erken bağlanma ilişkileri sonucu ortaya çıkan şema ve modlar üzerinde düzeltici bir etki gösterebilir. Süreç boyunca terapistten aktif ve şeffaf kalması beklenir. Kilit unsurlar arasında makul bir kendini açma, terapi işbirliğinin tar-

---

* Şema Terapi tekniklerinin kapsamlı tanımları için *bkz.* Genderen & Arntz, 2009; van Vreeswijk, Broersen, & Nadort, 2012; Young, Klosko, & Weishaar, 2003.

tışılması ve bu ilişki içerisinde etkin olan şema ve modların ortaya çıkarılması vardır.

Şema Terapi'deki diğer önemli teknikler ise şema ve/veya mod odaklı vaka kavramlaştırılması hazırlamanın yanısıra, etkinleşme ve işleyişlerine yönelik farkındalığının gelişmesini teşvik eden şema ve mod günlükleri tutmaktır.

Şema ve modların gerçek ile uyumluluğu, bilişsel müdahale uygulamalarıyla da incelenebilir. Bilişsel teknik örnekleri içine, yarar/zarar analizi, pasta grafikleri, çok boyutlu değerlendirme, veri toplanması ve şemaların suçlanıp savunulması gereken mahkemeye çıkarılma yöntemi yaklaşımı dahildir.

Diğer tür müdahalelerde ise davranışsal teknikler uygulanabilir. Örneğin, rol oyunu egzersizleri farkındalığı 'şimdi–ve–burada'ya getirmede yardımcı olabilir. Hastadan bir şema veya modun sıklıkla etkinleştiği bir durumu canlandırması istenir. Rol oyunu egzersizinin ilk bölümünde, koşullar sözkonusu şema veya modu tetikleyecek şekilde canlandırılır. Ortaya çıkabilecek herhangi bir şema davranışına özellikle dikkat etmekle birlikte hastaya duygusal deneyimini yaşaması için bolca alan sağlanır. Hemen ardından hasta rol oyunu egzersizini tekrar eder fakat bu kez Sağlıklı Yetişkinin bakış açısıyla tepki vermeye çalışır.

Yaşantısal müdahaleler, şema ve modların gelişiminde payı olan (erken dönem) durumlara ilişkin deneyimlemeye ve duyguların ifade edilmesine yönelik olarak hazırlanmıştır. Şema Terapi'deki yaşantısal tekniklere, tarihsel rol oyunu egzersizleri, sandalye çalışması teknikleri, imgelem alıştırmaları, dışavurumcu terapi (örneğin Psikomotor terapi, görsel teknikler ve drama teknikleri) ve şema Mindfulness Temelli Bilişsel Terapi (şMTBT – sMBCT*) örnek gös-

* sMBCT: schema Mindfulness-Based Cognitive Therapy. (Yay. n.)

terilebilir. Tarihsel rol oyununda, hastanın bir çocukluk durumunda neye maruz kaldığının yanısıra, (rol değişimi yolu ile) genellikle bir ebeveyn figürü olan diğer bireyin deneyimleri de incelenir. Böylece, hasta o duruma karşılık vermenin daha uygun yollarını öğrenir. Hastayı destekleyen ve ona ihtiyaçlarını ve isteklerini dile getirmesinde yardımcı olan Sağlıklı Yetişkinin tanıtılması, hastanın belirli durumlara karşılık verirken daha uygun olan yollar edinmesinde önem taşır.

Çoklu sandalye tekniğinde, hasta her farklı sandalyeye kendi modlarından birini atayarak, onlarla içsel bir temas kurar. Hastanın belirli bir mod'a giriş yaptığı bir anda, terapist o modu bir sandalyeye yönlendirir ve onu Sağlıklı Yetişkinin bakış açısından ele alır. Bu mekânsal yaklaşım hastanın incinebilir tarafı için alan yaratır ve denetimli bir ortamda temel ihtiyaçlarıyla yüzleşebilmesine olanak tanır.

İmgelem, hasta için güvenli bir alan yaratma da kullanılabilir. Bu aynı zamanda yeniden senaryolaştırma sürecinde de kullanılabilir. Böyle bir durumda hastadan belirli bir şemayla ilgili bir anısını hatırlaması istenir. Anı, kişinin zihninde şekillendikten sonra sahneye mesela her zaman iyi ve şefkatli olmuş bir büyükanne gibi bir Sağlıklı Yetişkin de eklenir. Sonrasında bu hayali yetişkin, hastanın İncinmiş Çocuk tarafına yardıma gelir ya da imgelenerek hatırlanan durumu çözebilmek için İncinmiş Çocuk'un neye ihtiyacı varsa onu karşılar.

Sanat terapisi uygulamaları (örneğin, *bkz. Haeyen*, 2007) sözlü olmayan teknikler kullanılarak şema ve modların dönüştürülmesine yardımcı olmak için aynı şekilde uygulanabilir. Bilinçli farkındalık teknikleriyle birlikte sanat terapisi yaklaşımlarının Şema Terapiye dahil olması, alandaki yakın zamanlı gelişmelerden biridir.

Şema Terapi ile İlgili Araştırma Bulguları

Şema Terapinin sınır kişilik bozukluğu (SKB) olan hastaların tedavisindeki etkinliği, Şema Terapi ve bir çeşit psikodinamik terapinin (Aktarım Odaklı Psikoterapi AOP– TFP*) karşılaştırıldığı bir rasgele atama yapılmış kontrollü çalışmada gösterilmiştir (Giesen-Bloo ve ark., 2006; Van Asselt ve ark., 2008). Her ne kadar iki yaklaşım da SKB'nin tedavisinde etkili olsa da, Şema Terapide tamamen iyileşme sayısı çok daha fazla ve tedaviyi bırakma oranı daha düşük çıkmıştır, ayrıca Şema Terapi maliyet olarak daha etkindir. Nadort ve arkadaşları tarafından yapılan bir çalışmada (2009) dış tedavi kliniklerinde SKB'si olan hastaların tedavisindeki maliyet etkinliği araştırılmıştır. Bamelis, Evers, Spinhoven ve Arntz (2014) Şema Terapinin diğer kişilik bozuklukları üzerindeki etkilerini araştırmışlardır. Şema Terapinin başka rahatsızlıklar için grup ortamında uygulanması da araştırılmaktadır (Farrel, Shaw, & Webber, 2009; Renner ve ark., 2013; Simpson, Morrow, Van Vreeswijk, & Reid, 2010; Van Vreeswijk, Spinhoven, Eurlings-Bontekoe ve Broersen, 2012). Daha güncel Şema Terapi araştırma literatürü incelemesi için Van Vreeswijk, Broersen ve Nadort'un (2012) çalışmasına bakabilirsiniz.

Şema Terapi'deki Gelişmeler

Şema Terapinin devam eden gelişimi, Şema Terapi'nin sınır kişilik bozukluğu olan hastalardaki etkinliğini araştıran bir rasgele ve çok merkezli araştırma çalışmasının yayınlanmasıyla hızlandırılmıştır (Giesen-Bloo ve ark., 2006). Şema Terapi, ilişki terapisine (*bkz. Atkinson, Van Vreeswijk ve ark., 2012'de alıntılandığı gibi*), ergenlere (Geerdink, Jongman ve Scholing, 2012; Renner ve ark., 2013) ve adli ortamlardaki hastalara göre uyarlanmıştır (Bernstein, Arntz ve De Vos, 2007).

---

* **TFB:** Transference-Focused Therapy (Yay. n.)

3 Bilinçli Farkındalık (Mindfulness)

Bilinçli farkındalık, kişinin şimdiki anda ortaya çıkan duygu ve düşüncelerini gözlemlemeyi ve onlara izin vermeyi içeren bir zihinsel durumdur. Yönlendirilmiş dikkat egzersizleri yoluyla öğrenilebildiği gibi birçok psikolojik sorun için var olan terapi yöntemleri ve eğitim programıyla birleştirilebilir.

Bilinçli farkındalığın böyle pratik bir şekilde uygulanmasının temel amacı eski, kökleşmiş ve otomatik duygusal tepki verme örüntülerini ortaya çıktıkları anda fark edebilme yetisini geliştirmektir. Bu süreç, bedenin duygusal örüntülere verdiği tepkilere odaklanmış bir dikkati gerektirir. Bu örüntülere izin vermek ve tekrar tekrar onları fark edebilmek kademeli olarak kabulü getirir ve davranışsal düzenlemelere olanak sağlar. Hastalar bu beceriyi pratik yaparak, kendi psikolojik semptomlarına uygulamayı öğrenebilir.

Bu, sıradan bir örnekle resmedilebilir. Birinin sizi eleştirdiğini hayal edin. Hemen tatsız bir gerginlik hissedersiniz. Göğüs çevreniz sıkışıp, kalp atışlarınız hızlanırken aklınızdan binbir türlü düşünce geçer. Asıl söylemek istediklerinizi içinizde tutarken ter basmaya ve kızarmaya başlarsınız. Saatler sonra yaşadığınız olayın etkileri hâlâ devam etmektedir. Olayların oluş sırasını, cesaret edip söyleyemediklerinizi ve bir dahakine nasıl daha farklı davranacağınızı kara kara düşünürsünüz.

Bilinçli farkındalık bu şekildeki otomatik örüntülerin farkına varmanızda size yardımcı olur. Aklınıza yinelenerek gelen "*Ben değersizim*", "*Ben yetersizim*" ya da "*Ben güçsüzüm*" gibi düşünceleri tanıyabilmeyi öğrenirsiniz. Bedeninizde ortaya çıkan duyumsamaları istemediğinizi fark eder, düşünce ve davranışlarınızın birçoğunun tatsız ve acı veren bu hislerden kurtulmaya yönelik olduğunu keşfedersiniz.

Bizler daima bir *yapma–modu* içerisindeyiz; her zaman bir şeyler düşünmekle ve belirli amaçlar doğrultusunda hareket etmekle meşgulüz. Meditasyon bize *olma–modu*'na girmeyi ve orada kalabilmeyi öğretir. Sürekli alışkanlık ve dürtü ile tepkisel olmak yerine, istemediklerimiz de dahil olmak üzere her deneyimimize izin veririz. Bu süreçte eski ve kökleşmiş karşılık verme örüntülerimiz üzerimizdeki etkilerini yitirir ve biz farklı tepkiler verebilecek şekilde bir özgürlük yeşertiriz.

Mindfulness Temelli Tedavi Yöntemlerinin Gelişimi

Bu kitapta sunulan ve tartışılan bilinçli farkındalık eğitimi, Mindfulness Temelli Bilişsel Terapi'den (MTBT–MBCT*) yola çıkarak oluşturulmuştur. MTBT, 1995 yılında tekrarlayan depresyonu olan hasta grupları için bir eğitim programı olarak geliştirilmiştir. Geçtiğimiz yıllar içerisinde, bireysel ortamlarda kullanımı artmış ve tedavi odağı başka rahatsızlıkları da kapsayacak şekilde genişlemiştir (Teasdale, Segal ve Williams, 1995).

Batı'da meditasyonun bir terapötik yaklaşım olarak ilgi görmesi 60'lı yıllarda başlamıştır (Germer, 2005). John Kabat-Zinn, bu şekildeki meditasyonu tıbbi bir ortamda ağrı ve psikosomatik semptomlar yaşayan hastalarla uygulayarak, bu alanda öncü olmuştur.

* **MBCT**: Mindfulness-Based Cognitive Therapy. (Yay. n.)

Kabat-Zinn'in Mindfulness Temelli Stres Azaltma (MTSA–MBSR*) adlı yöntemi, hastaların çeşitli meditasyon tekniklerinin yanısıra yoga egzersizleri de öğrendiği, haftada üç saatlik seanslar olmak üzere sekiz haftalık yoğun bir bilinçli farkındalık eğitim programını içermektedir (MBSR, Kabat-Zinn, 1990).

Teasdale ve arkadaşları da bu alanda önderlik eden çalışmalarda bulunmuştur (1995). Tekrar eden depresyonun tedavisi için başarılı bir sistemin bulunmaması onları Mindfulness Temelli Bilişsel Terapi'yi (MTBT) geliştirmek için harekete geçirmiştir. Üç veya daha fazla depresyon epizodu yaşamış hastalarda nüks etmeyi önlemeye yardımcı olması için MBSR ve bilişsel–davranışçı terapi tekniklerini bütünleştirmişlerdir. Programları pozitif sonuçlar vermiştir. Altmış haftalık tedavi sonrası kontrol süresinde, standart tedavi uygulanmış olan kontrol grubuna kıyasla, depresyonun nüksetme oranı neredeyse yüzde 50 azalmıştır (Ma ve Teasdale, 2004; Teasdale ve ark., 2000).

Erken dönemde edinilen bu araştırma sonuçları bilinçli farkındalık tekniklerinin olası kullanım alanlarıyla ilgili hissedilen coşku ve iyimserliği fazlaca artırmıştır. Bilinçli farkındalıkla ilgili yüzlerce popüler kitap basılmıştır. Mindfulness temelli tedavilerle ilgili gelişmekte olan araştırma literatürü nitel araştırmalar, klinik uygulama çalışmaları ve nörobilimsel çalışmalar gibi birçok konuyu kapsamaktadır. Black (2013), her yıl yayınlanan ve sayısı 2002'de 28 iken 2011'e kadar 397'ye çıkan akademik makalelerin çokluğunu övmektedir. Yapılan araştırmaların çoğu Mindfulness temelli müdahalelerin pozitif etkilerini ortaya koymaktadır.

Bilinçli farkındalığın klinik uygulamadaki başarısı, tedavi metodolojisine yeni bir yöntemin eklenmesiyle aynı zamana denk gel-

* **MBSR**: Mindfulness-Based Stress Reduction. (Yay. n.)

mektedir. Bu gelişme, davranışçı terapiyi üç kuşağa ayıran Hayes (2005) tarafından ustaca gösterilmiştir. İlk kuşak davranışçı terapinin doğuşuna denk gelmektedir. Bu şekildeki tedavinin ayırıcı özelliği psikolojideki klasik koşullanma ve edimsel koşullanma gibi öğrenme kuramlarına yaptığı vurgudur. Psikoloji biliminde ortaya çıkan bilişsel devrim sonucunda, ikinci kuşak olan bilişsel–davranışçı terapinin önü açılmıştır. Bu terapinin temel varsayımı, psikolojik sorunların oluşmasına ya da devam etmesine belirli bilişsel işlev ve şemalardaki bozuklukların neden olmasıdır. Tedavi, uyumsuz davranışı ortadan kaldırmak ya da davranış üzerinde kontrol kazanmak amacıyla, işlev bozucu düşüncelere odaklıdır. Üçüncü kuşak tedavi yöntemleri, uyumsuz düşünce, duygu ve davranışları değiştirmekten çok, kişinin onlara karşı olan tutumunu değiştirmeye yöneliktir. Bu "üçüncü dalga" yöntem, bilinçli farkındalığın önemli bir rol oynadığı, etkisi kanıtlanmış, bütünüyle işlevsel dört tedavi sisteminin biraraya getirilmesiyle oluşturulmuştur. Bunlar, Mindfulness Temelli Stres Azaltma (MTSA), Mindfulness Temelli Bilişsel Terapi (MTBT), Diyalektik Davranışçı Terapi (DDT–DBT[1]), Kabul ve Kararlık Terapisi'dir (KKT–ACT[2]).

Yukarıdakiler dışında Mindfulness ve bilişsel-davranışçı terapiyi birleştiren birtakım Mindfulness Temelli Müdahaleler (MTM–MBIs[3]) ve tedavi protokolleri de bulunmaktadır. Segal, Williams ve Teasdale (2002), Mindfulness temelli programların, psikoterapistlik mesleğinde köklü değişimler yapacağını öngörmüştür ve bu öngörüleri son derece doğru çıkmıştır. Yazarlığını yaptıkları '*Mindfulness-Based Cognitive Therapy for Depression*' (2013) adlı kitabının yeniden düzenlenmiş ikinci basımında, bilinçli farkındalığın birçok fi-

1 **DBT**: Dialectical Behavioral Theraphy.
2 **ACT**: Acceptance and Commitment Theraphy.
3 **MBIs**: Mindfulness-Based Interventions. (Yay. n.)

ziksel ve psikolojik durumun tedavisinde kullanılmasına yönelik ilgideki beklenmedik bir patlamadan söz etmişlerdir.

Tanımlar

MTBT bağlamında basitçe belirtildiği şekliyle bilinçli farkındalık (Mindfulness), a– deneyimlenen her şeyin (duyumsal algılar, düşünceler ve hisler) gözlemcisi olmayı ve b– düşüncelere (analiz etmek, planlamak, hayal kurmak, yargılamak, akıl yürütme), davranış ve davranma dürtülerine (kaçınma davranışı, dikkat dağıtıcı arama) otomatik tepki vermeden izin vermektir.

Ancak Mindfulness (bilinçli farkındalık) terimi farkı anlamlarda kullanılmakta ve bu da zihin karışıklığına yol açabilmektedir. Kullanıldığı bağlama göre birkaç tanımı bulunmaktadır: Bir meditasyon tekniği olarak (mindful meditasyon), bir zihinsel hâl olarak (bilinçli farkındalığı olmak), bir kişilik özelliği olarak, bir beceri olarak (mindful tepki) ve bir tedavi yöntemi olarak (terapötik uygulama).

Mindfulness temelli terapi alanında uzman kişiler, anlam karışıklığını gidermek üzere bir işlemsel tanım oluşturmak için konferanslar düzenlediler. Bishop ve arkadaşları (2004) bilinçli farkındalığı, uyumlu ve uyumsuz düşünce, duygu ve davranışların nasıl ortaya çıktığını anlamak için, uyumlu olanları güçlendirmek ve uyumsuz olanları azaltmak amacıyla hizmet eden birtakım zihinsel işlemler sürekliliği olarak tanımlamıştır. Mindfulness için işlemsel tanım önerisini iki bileşeni temel alarak yapmışlardır. Birincisi, dikkatin andaki duyumsal deneyimlere ve zihinsel olaylara yöneltilmesine ilişkin dikkatin özdüzenlenmesidir. İkinci bileşen ise, bilinçli olarak yargılamadan ve değiştirmeye çalışmadan, her türlü düşünce, duygu ve fiziksel duyumsamayı açık ve davetkâr bir şekilde kabul eden bir deneyime yönelik tutumdur.

Dikkatin özdüzenlenmesi

Dikkati yönlendirmek ilk aşamadır. Amaç, an an ortaya çıkan düşünce ve duyumsamaların bilinçli olarak farkında olmak ve bu farkındalığı koruyabilmektir. Bu, bütünüyle kapsayıcı bir dikkat biçimini ya da bedenin duygusal tepkisi gibi belirli birtakım olgulara odaklı dikkati gerektirebilir. Konsantrasyonun, istikrarlı ve sürekli olması gerekir. Farkındalığı nefese odaklamak, konsantrasyona yardımcı olması için yaygın olarak kullanılan bir yöntemdir. Böylece, nefes alıp verme deneyimi dikkatimizin odak noktası haline gelir.

Dikkatimiz dağıldığında bunu fark edip sonrasında dikkatimizi tekrar farkındalığın odak noktasına yöneltebilmek, bu uygulamanın önemli unsurlarından biridir. Mindfulness'ta geliştirilmesi gereken ana beceri, "otomatik pilotu" kapatıp bilinçdışı gerçekleşen alışkanlık durumuna gelmiş tepkileri kırabilmektir (Segal, Williams ve Teasdale, 2002). Mindfulness, üst bilişsel farkındalığı etkili bir şekilde besler. Üst bilişsel farkındalık, insan zihninin kendisini ve davranışları gözlemleyip, adeta dışarıdan bakarcasına kişisel faaliyet ve durumlar hakkında yorumda bulunabilmesidir. Üst bilişsel farkındalık, otomatik pilottan çıkıp kendi kontrolümüze geçebilmemize izin verir.

Açık ve kabul edici deneyim tutumu

Mindfulness'ın ikinci bileşeni, düşünce, duygu ve fiziksel tepkilere karşı açık ve kabullenici bir tutum geliştirmektir. Kabul, tatsızlıkların varolmasına onları sınırlamadan, yargılamadan, onlara tutunmadan ya da direnmeden izin vererek sağlanır. Böyle bir tutum, bizim alışageldiğimiz yargıladıktan sonra harekete geçme eğilimimize, tamamen zıttır. Segal, Williams ve Teasdale (2013) bunu, beynimizin içinde bulunduğumuz durum ile olmak istediğimiz yer arasında bir uyuşmazlık sezdiğinde otomatik olarak etkinleştirdiği yapma modu olarak tanımlar. Bu durum, en çok, istemediğimiz duygular ve/veya düşünceler ortaya çıktığında belirginleşir. Gelecekteki olası sıkıntılardan kaçınabilmek için algılanan soruna çözüm aranır ve sıkıntının nedeni bulunmaya çalışılır. Eğer elimizde çözmemiz gereken daha acil işler varsa o sorun daha sonraya ertelenir fakat bir çözüm bulunmazsa o sorun hep var olmaya devam edecektir. Yapma modunun anahtar sözcükleri analiz etmek, yargılamak, değerlendirmek, çözüm bulmak, başarmak, sınamak, planlamak, hedef belirlemek, ayarlamak ve takmaktır. Yapma–modu pratik, teknik ve düşünsel sorunlarımızı çözümlerken oldukça gereklidir fakat o kadar içimize işlemiştir ki, duygusal sorunlarımızı çözümlemeye çalıştığımızda da etkinleşir.

Duygular işin içine girdiğinde, yapma–modunun birçok yönden karşıtı olan olma–modu daha uygundur. Olma–modunun yargısız, izin veren, savaşmayan ve kabullenici olması, doğrudan deneyim yoluyla anlaması ve farkındalığı daha geniş bir şekilde odaklaması karakteristik özelliklerindendir (Segal, Williams ve Teasdale, 2013).

Mindfulness Egzersizleri ve Uygulamaları

Mindfulness temelli terapide tedavi, Mindfulness eğitimi ile uyumlu olmayan tepkileri ya da psikolojik sorunları tetikleyen durumlar içinde uygulanması ekseninde gerçekleşir. Özellikle MTSA ve MTBT, 45 dakikaya kadar çıkabilen günlük düzenli meditasyonları içerir. Buna karşılık, KKT ve DDT, psikoeğitim ve Mindfulness'ı destekleyen birtakım egzersizlere ev sahipliği yapar ama çok az oranda meditasyon uygulaması barındırır.

Bu bölüm pratik uygulamalarıyla birlikte birçok meditasyon uygulaması içermektedir ve hepsinin temel yönergeleri ve hedefleri aynıdır. Öncelikle en yaygın olarak kullanılan nefes alıp verme meditasyonundan başlayıp sonrasında birkaç tane daha Mindfulness egzersizinden ve onların uygulanmasından bahsedeceğiz.

Nefes alıp verme meditasyonu

Rahat ve uyanık bir şekilde dik otururken, dikkat nefes alıp vermenin fiziksel duyumsamalarına odaklanır. Dikkat kolayca dağılma eğilimindedir. Eğer bu olursa yapmanız gereken, yumuşak bir şekilde ve yargısızca dikkatinizin dağıldığını fark edip onu tekrar odak noktasına getirmektir. Böyle bir durumda amacımız sadece nefese odaklanmak değildir. Aslında asıl nefes farkındalığı, hazır ve algılarımızın açık olduğu bir tutum geliştirmek için temel bir dayanak durumuna gelir. Böylece her şey, arkasından alışılagelmiş bir tepki çıkmadan deneyimlenir. Başka bir deyişle; kişinin düşünce, duygu ve dürtüleri sadece gözlemlenir. Arkalarından bir eylem gelmeden ve nefes farkındalığımızı kaybetmeden, onları görmezden gelmeden, analiz etmeden ya da bastırmadan onlara sadece izin veririz. Kesinlikle bu bir otomatik pilotu kapama ve yapma–modu'ndan çıkma egzersizidir. Hastalara, günlük yaşamlarında mümkün olan sıklıkta bu becerinin pratiğini yapmaları tavsiye edilir, özellikle işlev bozucu duygusal örüntülerin yüzeye çıkma tehlikesi olduğu zamanlarda. Böylece Mindfulness, deneyim ve deneyimin arkasından gelecek olan tepki arasında bir mola görevi görür. Otomatik vitesten manuele geçer gibi bu geçişi kolaylaştırıp, başka şekillerde tepkiler verebilmek için özgürlük ve alan sağlar. Mindfulness meditasyonunun daha ayrıntılı ve kesin tanımlamalarını Gunaratana (2011), Smalley ve Winston (2010) ve Segal, Williams ve Teasdale (2013) kaynaklarında bulabilirsiniz.

Beden odaklı meditasyon

Bu meditasyon, farkındalığın kişinin bedensel algılarına odaklanmasını içerir. Bu algılar, bedenin koltukla teması gibi tamamen fiziksel duyumsamalar ya da göğüs bölgesindeki sıkışma gibi somatik duygusal tepkiler olabilir.

Bu egzersizin iki türü vardır. Beden tarama meditasyonunda farkındalık sürekli olarak bedenin farklı bölümlerinde gezdirilir.

Diğer türünde ise bedene bir bütün olarak geniş ve açık bir dikkatle odaklanılır. Eğer belirli bir fiziksel duyumsama ön plandaysa, başka bir duyumsama dikkat çekene kadar o duyumsama odak noktası olarak kalır.

Yapılması gereken, algıları devamlı olarak gözlemleyip onlar hakkında bir şey yapmadan onlara izin vermektir.

Çeşitli nesnelere odaklı meditasyon

Nefes ve diğer bedensel deneyimlerin yanısıra, dikkat seslere, sözcük veya cümle şeklindeki düşüncelere (iç ses) ya da imge şeklindeki düşüncelere (anılar ve hayaller) odaklandırılabilir. Diğer bir meditasyon türü olan seçimsiz farkındalık ya da nesnesiz Mindfulness'ta dikkat, geniş ve her şeyi kapsayıcıdır. Belli bir odak noktası yoktur, her şey özgürce gelip gitmektir. Farkındalıkta ortaya çıkan şeyler hiç müdahale edilmeden kendiliğinden kaybolur.

Hareket halinde meditasyon

Yürüme meditasyonu yaygın olarak uygulanan bir tekniktir ve oturarak yapılan meditasyona değerli bir seçenek olabilir. Yürürken dikkat ilk olarak ayak tabanlarındadır ve sonra kademeli olarak bedenin diğer bölümlerine genişletilir. Yürüme meditasyonu ve hareket içeren diğer meditasyonlar yavaşça yapılabildiği gibi alışılmış hızda da yapılabilir. Bu gibi uygulamalar bilinçli farkındalık tekniklerini günlük yaşantımıza dahil etmek için etkilidir.

Günlük etkinliklerde Mindfulness

Yukarıda değinilen ve zaman ayırarak her gün yapılması gereken egzersizlere ek olarak günlük etkinlikler ve işler sırasında uygulanabilecek egzersizler de vardır.

Diş fırçalamak, duş yapmak, bulaşık yıkamak, merdivenlerden inip çıkmak ve yemek yemek gibi sıradan etkinliklere özel olarak dikkat verilebilir. Gün içindeki sırada beklemek, kısa mesafe yürümek ya da telefonla konuşmak gibi planlanmamış anlar, uygulamanın pratiğini yapmak için fırsat olarak kullanılabilir. Günlük molalar verilerek yapılması gereken başka bir Mindfulness uygulaması da vardır. Kişi geçici olarak nefesine odaklanır, ardından odağını o anda olmakta olan deneyimine taşır. Buradaki amaç otomatik ve dürtüsel bir tepki vermektense, tepki vermeden önce uyaranları fark etmektir.

Nefes alanı

Üç Dakikalık Nefes Alanı, Segal ve arkadaşları tarafından geliştirilmiş özel bir Mindfulness uygulamasıdır (2002, 2013). Bu uygulama, gündelik yaşamda alışkanlık durumuna gelmiş örüntüler tetiklendiği zaman kullanılmalıdır. Nefes alanı, bilinçli bir şekilde ele alınması gereken durumlarda otomatik pilottan çıkabilmeleri için hastalara olanak sağlar. Bu uygulama her biri aşağı yukarı bir dakika süren 3 adımdan oluşmaktadır. İlk adım; ortaya çıkan duyumsama, düşünce ya da duyguların farkına varmaktır. İkinci adımda ise amaç dikkati olabildiğince nefes alıp verme deneyimine odaklamaktır. Üçüncü adımda, dikkat, fiziksel varlığın bütününe genişletilir. Bu sırada nefes farkındalığı arka planda devam etmektedir.

"Her ne oluyorsa, sorun değil. Olan ne ise, hissetmek için izin verebilirim" cümlesini bu uygulama sırasında tekrarlayabilirsiniz (Williams, Teasdale, Segal ve Kabat-Zinn, 2007).

Özel durumlar için Mindfulness meditasyonu

Duygu yüklü bir durum da meditasyonun nesnesi olabilir (Segal, Williams ve Teasdale, 2013). Bu egzersizde yapılması gereken, dikkati nefes alıp verme duyumsaması ile duygusal tepkilerin bedende en çok hissedildiği noktalar arasında bölmektir. Duygular bunaltıcı bir duruma gelmeye başlar ise farkındalık geçici olarak nefese odaklanabilir.

Mindful maruz bırakma

Eğer kişiyi rahatsız eden güncel deneyimler ya da örseleyici anılar yüzeye çıkarsa terapist denetiminde mindful maruz bırakma uygulaması yapılabilir. Hastanın yaşadığı can sıkıcı durumu en iyi şekilde yansıtan bir imge seçilir. Sonrasında terapist, hastanın hissettiği fiziksel duyumsamaları 10'ar ya da 20'şer saniye süren aralıklarla kendisine söylemesini ister. Hastadan ortaya çıkan her şeyi kabul etmesi ve onlara karşılık vermemesi istenir. Davranışçı terapi ve mindful maruz bırakma arasında bazı teknik benzerlikler olsa da aralarında, temel yönergeleri açısından büyük farklar bulunmaktadır. Davranışçı terapi, maruz bırakma tekniğini kullanma nedenini şöyle açıklar: "*Eğer sorunlu durumlarla* (genelde korkutucu) *yüzleşmeye devam edersen duygusal tepkilerinin azaldığını ve olmasını beklediğin şeylerin* (kaygı tetiklenmesi) *gerçekleşmediğini göreceksin.*" Başka bir deyişle, alışmaya bağlı olarak can sıkıcı duyguların azalması ve buna bağlı olarak da mantıkdışı düşüncelerin kaybolması beklenir. Mindful maruz bırakmanın bakış açısı böyle değildir. Diğer Mindfulness egzersizlerinde olduğu gibi burada da talimatlar, onlardan bir şey beklemeden ya da onlara karşılık vermeden, duyguların çıkmasına izin vermek ve duyguların ortaya çıkarttığı fiziksel tepkilere odaklanmaktır. Mantığa aykırı gözükse de, uzun vadede, değişim salıverilerek sağlanır. Yani, amaç duyguların sıklığını ve şiddetini kontrol etmek değil, onlara karşı açık ve kabullenici bir tutum geliştirmektir.

Meditasyon uygulamasının seçilmesi ve planlanması sorunun türüne, tedavi planına, hastanın isteklerine ve eldeki olanaklara bağlıdır. Mindfulness odaklı tekniklerin terapiye taşınması yukarıda anlatılan bütün uygulamaların biraraya getirilmesiyle oluşan bir eğitim programı durumunu alabildiği gibi hazırda varolan tedavi planına ek olarak uygulanan birkaç egzersizle sınırlı da kalabilir (Rapgay ve ark., 2013).

Mindfulness uygulaması süresi

Terapi ya da eğitim bağlamında önerilen Mindfulness uygulama süresi, hem seans sırasında hem de görüşmeler arası günlük olarak, 30–45 dakika arasında değişmektedir. Buna ek olarak, eğitim bittikten sonra da günlük Mindfulness egzersizlerine devam edilmesi önerilmektedir. Carmody ve Baer'in 30 çalışma üzerinde yaptığı meta-analiz, uzmanların haftada 6 gün, günde ortalama 45 dakika boyunca pratik yapılmasını önerdiğini göstermiştir (2009). Eğitim katılımcılarından günlük olarak Mindfulness becerilerinin pratiğini yapmaları istenir ve buna "biçimsel olmayan (enformel) uygulama" denir. Ayrıca, çoğu MTSA programı sessizlik günü içerir ve hem uygulayıcılara hem de eğitmenlere deneyimlerini artırmaları için düzenli olarak bir günden fazla süren meditasyon inzivasına katılmaları önerilir. Bu uzatılmış inzivalar genelde manevi amaçlarla uygulanmaktadır fakat Mindfulness temelli psikoterapi alanında da benimsenmiştir. Sık ve uzun süren meditasyonların gerekli olduğuyla ilgili genel bir algı vardır ancak bilimsel çalışmalar çok olanın her zaman daha iyi olmadığını göstermektedir.

Araştırma sonuçlarında (biçimsel ve biçimsel olmayan – formel ve enformel) Mindfulness egzersizlerinin süresi ve etkisi arasındaki ilişki net değildir ya da öyle bir ilişki yoktur. Davidson ve arkadaşları (2003) Mindfulness eğitiminden sonra oluşan nörolojik ve biyolojik değişimleri araştırmıştır ve uygulama süresi ile oluşan değişimler arasında önemli bir ilişki bulunmamıştır. Böyle bir ilişki Hölzel ve arkadaşlarının (2011) yaptığı Mindfulness ve beyin araştırmasında da bulunmamıştır.

Klatt, Buckworth ve Malarkey (2008) tarafından yapılan bir çalışmada çalışanlar için kısaltılmış MTSA eğitim programı değerlendirilmiştir. Standart bir MTSA eğitim programı 10 hafta boyunca 20 saatten fazla süren uygulamalar içerirken katılımcılar işyerlerinde toplamda 6 saat olacak şekilde haftada 5 gün 20'şer dakika boyunca meditasyon yapmıştır. Kısaltılmış eğitimin stres ve uyku kalitesi gibi ölçümler üzerinde, standart programla karşılaştırılabilecek düzeyde, önemli etkileri bulunmuştur.

Vettese, Toneatto, Stea, Nguyen ve Wang (2009) tarafından yapılan bir meta-analiz, uygulama sürelerinin ve bunların sonuçlarının araştırıldığı 24 çalışmayı içermektedir. Mindfulness egzersizlerine harcanan zaman 5 ve 58 dakika arasında değişmekte olup, günde ortalama 31.8 dakikadır. Vettese'e göre çalışmaların neredeyse yarısı daha uzun egzersizlerin daha iyi sonuçlar getirdiği hipotezini desteklememektedir. Zaman ve sonuç arasındaki ilişkiyi destekleyen çalışmalarda ise çok fazla sayıda, çalışmaya kendisi katılmak istemiş ve sağlık alanında çalışmakta olan katılımcılar seçilmiştir. Bu da pozitif beklentilerin ve önceden edinilen Mindfulness deneyimlerinin, sonuçları (kısmen) etkiliyor olabileceğini göstermektedir.

Perich, Manacavasgar, Mitchell ve Ball (2013), MTBT'nin bipolar bozukluk üzerinde kullanıldığı; eğitim öncesi ve eğitim sonrası ölçümlerde Mindfulness uygulaması süresi ve psikiyatrik semptomlar arasında bir ilişkinin bulunmadığı bir araştırma yapmıştır. Dahası, eğitimden 12 ay sonra yapılan kontrol testlerinde de Mindfulness pratiği yapmaya devam eden ve devam etmeyen katılımcıların semptomlarının iyileşme oranı arasında önemli bir fark bulunmamıştır.

Hofmann, Sawyer, Witt ve Oh'un (2010) yaptığı, toplamda 1,140 katılımcı içeren 39 araştırmanın meta-analizinin sonuç kısmında, Mindfulness temelli tedavilerin kaygı ve duygudurum bozuklukları üzerinde, eğitimin süresi önemli olmaksızın, çok güçlü pozitif etkileri olduğu yazmaktadır. Çoğu eğitim programı 6 ve 12 seans arası toplam 8 görüşmeden oluşmaktadır. Ayrıca çoğu program bir günlük ya da yarım günlük bir inziva içermektedir. Bowen ve Kurz (2012), 8 haftalık programda seanslar arası yapılan pratiklerin sayısı ile eğitim sonunda ölçülen Mindfulness düzeyi arasında pozitif bir ilişki bulmuştur; fakat böyle bir etki, 2 ve 4 ay sonra yapılan kontrollerde bulunmamıştır.

Yakın zamanda yayınlanmış bir meta-analiz, eğitim seanslarının sayısı, verilen uygulamalar ve MTM (Mindfulness Temelli Müdahale) sonuçları arasında tutarlı bir ilişki bulamamıştır (Khoury ve ark., 2013). Ancak, terapistin deneyim düzeyi ve eğitim sonuçları arasında bir ilişki bulunmuştur. Yazarlar, grup bütünlüğünü ve pratiklerin kalitesini ek etkenler olarak listelemiştir.

Uygulamada terapistler sıklıkla hastalarından, uzatılmış egzersizleri günlük programlarına uydurmanın zorluklarıyla ilgili geribildirim almaktadır. Terapi ve kontrol seansları boyunca, çoğu hastanın uzun egzersizleri tamamlamadığı açıkça görülür duruma gelir. Üç Dakikalık Nefes Alanı gibi kısa süren teknikler yoğun programlar için daha uygundur. Yani, daha kısa meditasyonlar (8–15 dakika), düzenli uygulama ve tedaviye uyum gereksinimi gibi daha pratik etkenler için çözüm olmaktadır.

Bilimsel araştırmalar ve uygulamadan gelen deneyimler, uygulama süresi ile etkililik arasındaki ilişki üzerine ve eğitim ya da terapiden sonra pratik yapmaya devam etmenin gerekliliğiyle ilgili daha fazla araştırma yapılması gerektiğini göstermektedir. Bunlara ek olarak, belirli bozukluklar ve popülasyonlar için Mindfulness uygulama süresi ve etkililik arasındaki ilişki ile ilgili veri mevcuttur. Günümüzde mantıklı gözüken, günlük hayata uygulanması zor ve uzun uygulamalar yerine daha makul –yani daha kısa– olan Mindfulness tekniklerinin seçilmesidir. Hastalara eğitim ya da terapi bittikten sonra pratik yapmalarını tavsiye etmeyi destekleyecek herhangi bir kanıt, günümüz literatüründe hâlâ mevcut değildir.

Son olarak, hastanın özgül sorunlarının yapısı, becerileri ve engelleri Mindfulness egzersizlerini seçerken ve onların süresini belirlerken hesaba katılmalıdır. Meditasyona yeni başlayanlar için büyük farkındalıklar çoğunlukla beraberinde istenmeyen duyguların hissedilmesinde artışı da getirir. Eğer, semptomlar bedenle ilgili kaygılar (hipokondri ve panik bozukluk) gibi sorunlu durumlar içeriyorsa, daha kısa süren uygulamalar önerilmelidir. Böyle durumlarda, dikkat dışsal uyaranlarla (sesler) sınırlandırılabilir ya da hareketlere ve/veya günlük etkinliklerle Mindfulness'a odaklanılabilir. Bedensel duyumsamaların farkında olmayı gerektiren egzersizlere daha sonra geçilmelidir. Chadwick, Newman Taylor ve Abba (2005), psikotik hastalar için geliştirilen Mindfulness programının gelişimini şöyle tanımlamaktadır: 4 yıllık süre boyunca, Mindfulness egzersizlerinin süresi, uzatılmış meditasyonlardan daha makul bir süre olan yalnızca 4 dakikaya indirilmek zorunda kalınmıştır.

Şema Terapi'de Mindfulness

Şema Terapi iki aşamalı olarak çalışır: Şema ve modların saptandığı değerlendirme aşaması, empatik yüzleştirme ve gerçeklik testleri uygulanarak şema ve modların değiştirildiği dönüşüm aşaması. Şema ve modları değiştirmek için kullanılan teknikler bilişsel–davranışçı terapiden (bilişsel yeniden düzenleme, içselleştirilmiş sağlıklı bir sesin yaratılması, işlev bozucu davranışı kırmak için oluşturulmuş davranışçı uygulamalar), yaşantısal terapiden (öfke, üzüntü ya da acının ifade edilme uygulaması), Gestalt terapiden ve kişiler arası psikoterapi tekniklerinden alınmıştır.

Mindfulness temelli yaklaşım üçüncü bir aşama eklemiştir: Şema ve modlar etkinleştiğindeki içsel deneyime yargısız bir dikkat vererek, yeni şekillerde tepki verebilmeye alan açılır. Bu dikkat odaklı süreç Anna örneğiyle açıklanmıştır:

Anna, az önce 16 yaşındaki kızıyla tatsız bir tartışma yaşadı. Öfkeli bir şekilde montunu giyip, işe gitmek için gerektiğinden daha erken evden çıktı.

İşyerine gitmek için bisikletini sürerken aklından öfkeli düşüncelerin geçtiğini fark etti ve bedeninde korkunç bir gerginlik duyumsadı. Bu durumu halletmek için yollar arayarak, analiz etmeye çalıştı. Sonra, birden bir şemasının tetiklendiğini fark etti (Yüksek standartlar).

İlk tepkisi önce nefesine sonra bisiklet sürmenin duyumsattıklarına odaklanmak oldu. Mindful bir duruma geldiğinde, dikkatini bedeninin geri kalanına doğru genişletti. Hızlanmış kalp atışları ve nefes alması, gerilmiş kasları bilinçli farkındalığa ulaştı. Anna, kademeli olarak, ne kadar üzgün ve kaygılı olduğunu fark etti.

Saniyeler sonra, içinde dolmaya başlayan anılar ve hayallerle, zihninin sabahki münakaşaya kaydığını fark etti. İşlerini yoluna koymayı hedefleyerek kendini topladı. Düşüncelerde kaybolduğunu anladığında şemasının etkinleştiğini fark etti; nefesine, bisikletine ve bedenine odaklandı.

İşyerine varana kadar bunları yapmaya devam etti. Ve şimdi de işi bütün dikkatini gerektirdiği için öfkeli tepkisi arka planda kayboldu. Gün içinde duyguları tekrar aktifleştiğinde işine tekrar odaklanabilecek mindful düzeye gelene kadar nefesine ve bedenine tekrar odaklandı.

Anna, genel örüntüsü olan duygularını kontrol edip onları uzaklaştırmayı kırabilme pratiği yapmak için bu uygulamayı kullanmaktadır. Eve döndüğünde, kızına ne söyleyeceğini bilmemektedir.

Anna bu kez diğer insanlarla tartıştıktan sonra yaptığı zihinsel provalara bel bağlayamaz. Geleneksel tepkisi olan "doğru olan neyse onu söylemek" yerine duygularını kabul edebildiği bir alana girip, oradan kızına sabah olanlardan ne kadar pişmanlık duyduğunu söyleyebildi. Kızı da onunla aynı fikirde olduğu için birbirlerine sıcacık sarıldılar.

Bu ve bunun gibi deneyimler yoluyla Anna çok önemli bir gelişimini fark etti: Şemalarını fark etme ve bunaltıcı duygularla başa çıkma yetisi artmış ve bu da daha sağlıklı tepkiler verebilmesinin önünü açmıştır.

Ruhsal Bozukluklarla Mindfulness Üzerine Araştırmalar

Çoğu Mindfulness eğitimi MTSA (Mindfulness Temelli Stres Azaltma) ya da MTBT (Mindfulness Temelli Bilisşel Terapi) şeklini almaktadır. Gelişiminin ilk aşamasında MTSA fiziksel semptomları (kronik ağrı / stres) olan kişileri hedefledi böylece daha geniş bir uygulama alanı buldu. MTBT, özgül olarak tekrarlayan depresyonu olan hastalar için geliştirildi. Birincil olarak bu popülasyona uygulansa da diğer psikolojik bozuklukların tedavisinde kullanımı artmaktadır.

Mindfulness'ın terapötik etkileri üzerinde yapılan araştırmalar iyi bir başlangıç yakalasa da birtakım spesifik bozuklukların tedavisindeki kullanımıyla ilgili Rasgele–seçkili Kontrollü Uygulama Denemeleri (RKUD–RCTs*) yoluyla incelenmemiştir. Bununla birlikte, literatürde diğer birçok uygulamalar, vaka çalışmaları ve kontrolsüz çalışmalar içeren yayınlar mevcuttur (güncel bir gözden geçirme makalesi için *bkz. Baer*, 2010). Çoğunluğu KUD ve meta–analiz olan araştırmalar şimdi anlatılacak alt başlıklarda tartışılmaktadır.

Depresyon

MTBT'nin yükselişi, MTBT'nin tekrarlayan depresyonun nüksetmesinin önlenmesindeki etkililiğini gösteren iki rasgele seçkili kontrollü uygulama araştırmasının başarısından sonra başladı. Teasdale ve arkadaşlarının (2000) yaptığı çalışma iki veya daha fazla depresif epizot geçirmiş 145 hasta ve "standart tedavi" gören bir kontrol grubundan oluşmaktaydı. Mindfulness temelli müdahaleler, sadece iki epizot geçirmiş hastalar için standart tedaviden daha yüksek etkili bulunmamıştır, fakat üç veya daha fazla epizot geçir-

* **RCTs:** Randomized Controlled Trials. (Yay. n.)

miş hastalar için önemli derecede daha fazla etkili olduğu gösterilmiştir. 60 haftalık süre boyunca, MTBT grubunun yüzde 37'sinde depresyon tekrar görülmüştür, kontrol grubu için bu oran yüzde 66 idi. Ma ve Teasdale'in (2004) yaptığı ikinci çalışmadaki 75 hasta benzer sonuçlar göstermiştir: Tekrarlama oranı MTBT grubunda yüzde 36, kontrol grubunda ise yüzde 78 idi. 2000'den beri yapılan birçok çalışma aynı sonuçları vermiştir ve tümü Mindfulness'ın tekrarlayan depresyon üzerindeki etkisini desteklemiştir. Yakın zamanda yapılan bir RKUD çalışmasında, MTBT ile kontrol grubunda yer alan depresyon semptomları üç veya daha fazla kez tekrarlamış (bir kısmının halihazırda depresyon şikayetleri sürmekte olan) iki grup hasta karşılaştırılmıştır (Van Aalderen ve ark., 2012). Depresif semptomlar tedavi sonunda kayda değer biçimde azalmıştır. Hastalar, daha az endişelendiklerini, ruminasyona yani takıntılı tasalanma düşüncelerine daha az kapıldıklarını, Mindfulness becerilerinin ve yaşam kalitelerinin arttığını belirtmiştir. MTBT, hem halihazırda depresyon yaşayan hem de yaşamayan hastaların semptomlarını aynı derecede azaltmıştır.

Piet ve Hougard (2011), MTBT ile yapılmış altı RKUD çalışmasının meta-analizini yapmıştır. Kontrol grubuna kıyasla, MBCT grubundaki tekrarlayan depresyonu olan hastaların tekrar depresyon geçirme oranı kayda değer biçimde daha azdı. En önemli fark ise 3 veya 3'ten daha fazla epizot geçirmiş hastalar arasında bulundu.

Klainin-Yobas, Cho ve Creedy'nin (2012) meta-analizini yaptığı 8 çalışma, MTSA'nın psikolojik rahatsızlıkları olan kişilerin depresif semptomları üzerindeki etkisini araştırmıştır. MTSA'nın, bilişsel–davranışçı terapiyle benzer sonuçlar vermesiyle, psikolojik rahatsızları olan kişilerin depresif semptomlarının azalmasında etkili bir tedavi olduğu görülmektedir. Klainin-Yobas ve arkadaşları (2012), çeşitli psikolojik rahatsızlıkları olan hastalarda MTBT'nin depresyona olan etkisinin araştırıldığı 22 çalışmayı da incelemiştir. MTBT, depresif semptomları azaltmada ortalama etki büyüklüğü göstermiştir.

Geschwind, Peeters, Huibers, van Os ve Wichers (2012) tarafından yapılan bir RKUD çalışmasında, en az bir depresif epizottan sonra, depresyonun geriye kalan semptomları araştırılmıştır. Hastalar MTBT (standart tedavi ile birlikte) grubuna ile kontrol grubu (bekleme listesi ya da devam eden standart tedavi) arasında ikiye ayrılmıştır. MTBT'nin, kontrol grubuna kıyasla, geriye kalan depresif semptomları azaltmada önemli derecede etkili olduğu bulunmuştur. Bir veya iki epizot geçiren kişiler ile üç ve üçten daha fazla epizot geçiren kişiler arasında önemli bir fark bulunamamıştır.

Kaygı Bozuklukları

VØllestad, Nielsen ve Nielsen (2012), MTSA'nın birbirinden farklı kaygı bozuklukları (sosyal fobi, panik bozukluk, genel kaygı bozukluğu, eşzamanlı depresyon ve kaygı) olan hastaların kaygı semptomları üzerindeki etkisini araştıran dört çalışmanın meta-analizini yapmıştır. Bu çalışmaların hepsi MTSA'nın kaygı semptomlarının azaltılmasında etkili olduğunu desteklemiştir. Bu etki araştırmalardan üç tanesinde büyük ölçüde bulunmuştur. VØllestad ve arkadaşları (2012) aynı zamanda MTBT'nin kaygı üzerindeki etkisini de araştırmıştır. Meta-analizlerinde MTBT sonucu kaygı semptomlarında azalma görülen 9 çalışma mevcuttu ve çalışmaların 4 tanesinde bu etki önemli derecede büyüktü.

Sosyal fobi

Jazaieri, Goldin, Werner, Ziv ve Gross (2012), katılımcıların 8 hafta boyunca, haftada en az iki kez spor salonunda uygulama yaptığı aktif bir kontrol grubuna olan etkilerini kıyaslayarak, MTSA'nın sosyal fobisi olan kişilere olan etkisinin araştırıldığı bir RKUD çalışması yürütmüştür. MBSR, eğitim tamamlandıktan sonra, hasta tarafından bildiren kaygı, depresyon ve stres semptomlarında azalma sağlamıştır ve üç ay sonra yapılan kontrollerde aynı anda yapılan ölçümlerle hastaların durumlarının daha iyiye gittiği kaydedilmiştir. Egzersiz de, eğitim tamamlandıktan sonra ve üç ay sonra yapılan kontrollerde hasta tarafından bildiren kaygı, depresyon ve stres semptomlarında azalma sağlamıştır ve hastaların iyilik durumları artmıştır. Bu iki müdahale arasında önemli bir fark bulunmamıştır. Yazarlarınız, hem egzersizin hem de MTSA'nın sosyal fobisi olan yetişkinlerde klinik semptomların azalmasına katkıda bulunduğu sonucuna varmıştır.

Hipokondri/ sağlık kaygısı

McManus ve arkadaşları (2012), sadece standart tedavi gören bir kontrol grubuyla kıyaslayarak, MTBT'nin (standart tedavi ile birlikte) sağlık kaygısı üzerindeki etkilerini araştırmıştır. MTBT katılımcıları, kontrol grubundakilerden önemli derecede daha az sağlık kaygısı göstermiştir; hem hemen müdahale sonrasında, hem de bir yıl sonra. Kontrol grubuna kıyasla MTBT grubundaki katılımcıların, doğrudan müdahale sonrası ve bir yıl sonra, hipokondri ölçütlerine uyma oranı büyük ölçüde azalmıştır (%36.1'e %76.3). Yazarlarınız, sağlık kaygısı olan kişiler için, MTBT'nin standart tedaviye kullanışlı bir ek olabileceği sonucuna ulaşmıştır.

Ayrı cinsten psikolojik tanıların dahil edildiği meta-analizler

Biegel, Brown, Shapiro ve Schubert (2009), MTSA'nın birbirinden farklı psikolojik rahatsızlıkları (duygudurum bozuklukları, kaygı bozuklukları, V-kodlu ve diğer bozukluklar) olan ergenlere etkisini inceleyen bir RKUD çalışması yürütmüştür. Bu çalışmada MTSA (standart tedaviye ek olarak) ile tek başına standart tedavi (bireysel ya da grup terapisi ve/veya ilaç tedavisi) karşılaştırılmıştır. Kontrol grubuna kıyasla, beş aylık çalışma süresi boyunca, MTSA alan grubun tanı alma oranlarında önemli derecede azalma olmuş ve İşlevselliğin Genel Değerlendirilmesi (İGD–GAF*) puanlarında önemli derecede artış yaşanmıştır. MTSA grubundaki katılımcılar, özgüvenlerinde yaşanan artışla birlikte, önemli derecede daha az kaygı, depresyon ve somatizasyon semptomları belirtmiştir. Hastaların kendilerinin belirttiği bu semptomların değişimindeki etki büyüklüğü tutarlı derecede geniştir. Yazarlar, MTSA'nın birbirinden farklı psikolojik rahatsızlıkları olan ergenlerin tedavisine verimli bir katkı olabileceği kanısına varmıştır.

Hoffman ve arkadaşları (2010) yaptıkları bir meta-analizde, kansere bağlı psikolojik rahatsızlıklar, genel kaygı bozukluğu, depresyon ve diğer psikiyatrik rahatsızlıklar gibi çeşitli hastalıklar için Mindfulness temelli tedavi gören toplamda 1.140 katılımcıyla yapılan 39 araştırmayı biraraya getirmiştir. Yazarlar şu sonuçları rapor etmiştir: Ortalama olarak, meta-analizde bulunan bütün araştırmalarda, Mindfulness temelli terapi, kaygı ve duygudurum semptomları üzerinde güçlü ve pozitif etkiler göstermiştir. Birincil tanısı kaygı ve duygudurum bozukluğu olan hastalarda büyük etkiler ölçmüş ve bu etkiler (ortalama) 12 hafta sonraki kontrollerde de aynı kalmıştır.

Yakın zamanda Khoury ve arkadaşları (2013) tarafından yapılan bir meta-analizde, çeşitli psikolojik sorunlar için Mindfulness Temelli Terapi (MTT–MBT**) gören toplamda 12.145 katılımcının olduğu 209 çalışma incelenmiştir. Sonuçlar genel olarak MTT'nin ortalama etki büyüklüğü gösterdiğine işaret etmektedir. MTT'nin bi-

*GAF: Global Assessment of Functioning.
**MBT: Mindfulness-Based Theraphy. (Yay. n.)

lişsel–davranışçı terapiden daha etkili olduğu bulunmamıştır. Ancak, MTT kaygı ve depresyonun tedavisinde büyük ve klinik açıdan önemli etkiler göstermiştir ve bu etkiler kontrol ölçümlerinde de korumuştur. Buna ek olarak, MTT'de tedaviyi bırakma oranı bilişsel–davranışçı terapiye göre daha düşüktür ve bu da MTT katılımcılarının motivasyonlarının daha yüksek olduğuna işaret etmektedir.

Bu bölümde Mindfulness'ın olası bütün rahatsızlıklara etkisini anlatabilmek mümkün değildir. İlgili çalışmaların güncel değerlendirmesini http://www.mindfulexperience.org/ sitesinde bulabilirsiniz.* Sitedeki Mindfulness Araştırma Rehberi (The Mindfulness Research Guide), araştırmacılar, uygulayıcılar ve genel kamu için bilinçli farkındalıkla ilgili bilimsel çalışmaların olduğu kapsayıcı bir elektronik kaynak ve yayın veri tabanı görevi görmektedir. Ayrıca, bilinçli farkındalıkla ilgili bilimsel araştırma makaleleri, bilinçli farkındalığı ölçebilmek için araçlar, bilinçli farkındalığı kullanan müdahale teknikleri, Mindfulness çalışan üniversiteler ve araştırma merkezleri hakkında bilgi içeren bir veri tabanı da içermektedir.

Özet olarak, günümüze kadar olan araştırma bulguları Mindfulness temelli müdahalelerin var olan tedavi yöntemlerine etkili bir şekilde katkıda bulunduğunu göstermektedir.

Bilinçli Farkındalığı ölçmek

Bilinçli farkındalığın özgül yönlerini çalışmak ve Mindfulness çoğaltıcı egzersizlerin ölçümü için bazı anketler geliştirilmiştir. Günümüzde en az yedi farklı Mindfulness ölçeği bulunmaktadır ve aralarından en öne çıkanlara aşağıda değinilmektedir.

* Bu internet sitesi kapatılmıştır. Mindfulness üzerine güvenilir bir yayın listesi için şu internet adresini kullanabilirsiniz: http://www.mindfulnet.org/page4.htm (Ed. n.)

Mindfulness Dikkat ve Farkındalık Ölçeği (MDFA–MAAS[1]; Brown ve Ryan, 2003)[2] kişinin dikkatini ve dikkat dağılmasına karşı dayanıklılığını ölçen özbildirim ölçeğidir.

Toronto Bilgece Farkındalık Ölçeği (TFÖ–TMS[3]; Bishop, 2004)[4] meditasyondan hemen sonra uygulanan, kişinin içsel uyaranlara karşı dikkatini ve hassasiyetini ölçen bir ölçektir.

Kentucky Mindfulness Beceri Envanteri (KMBE–KIMS[5]; Baer, Smith ve Allen, 2004) dört etkeni ölçmektedir: Gözlemleme, tanımlama, farkındalıkla davranma, yargılamadan kabul etme. Freiburg Mindfulness Envanteri (FMI; Buchheld, Grossman ve Walach, 2011) anın farkındalığını, kendini ve başkalarını yargılamadan kabulü, negatif ruh hallerine açıklığı ve içgörüyü ölçmektedir.

Araştırmacılar arasında bilinçli farkındalığın en önemli iki etkeni (dikkat ve kabullenici tavır) ile ilgili ortak bir görüş birliğine varılmış olsa da bu etkenlerin güvenilir bir şekilde nasıl ölçülebileceği hâlâ tartışma konusudur. Mindfulness anketlerinin psikometrik özellikleriyle ilgili bir araştırma için Baer, Smith, Hopkins, Krietemeyer ve Toney'nin (2006) araştırmasına bakabilirsiniz.

Baer ve arkadaşları (2006), yakın zamanda geliştirilmiş beş ölçeği temel alarak bilinçli farkındalığın yapısını incelemiştir. Yazarlarınız, bilinçli farkındalığın beş boyutu olduğu sonucuna varmıştır:

---

1 **MAAS**: The Mindfulness Attention and Awareness Scale. (Yay. n.)

2 Özyeşil, Z., Aslan, C., Kesici, Ş. ve Deniz, M.E. (2011). 'Bilinçli farkındalık ölçeğini Türkçe'ye uyarlama çalışması', *Eğitim ve Bilim*, 36 (160), 224-235. (Ed. n.)

3 **TMS**: The Toronto Mindfulness Scale. (Yay. n.)

4 Hisli-Şahin ve Yeniçeri (2015) tarafından Türkçe'ye çevrilmiştir. Hisli Şahin, N. ve Yeniçeri, Z. (2015). 'Farkındalık üzerine üç aracı: Psikolojik Farkındalık, Bütünleyici Kendilik Farkındalığı ve Toronto Bilgece Farkındalık Ölçekleri', *Türk Psikoloji Dergisi*, 30(76), 48-64. (Ed. n.)

5 **KIMS**: The Kentucky Inventory of Mindfulness Skill. (Yay. n.)

Tanımlamak
Farkındalıkla davranmak
Yargısızlık
Tepkisizlik
Gözlemlemek

Tanımlamak, deneyimleri sözcüklerle ifade etmektir. *Farkındalıkla davranmak*, bir şeyler yaparken aktif olarak dikkat vermektir. *Yargısızlık*, düşünceler ve duygularla ilgili negatif ya da pozitif bir fikir oluşturmamaktır. *Tepkisizlik*, onlara otomatik pilotta tepki vermeden, duygulara ve düşüncelere izin vermektir. *Gözlemlemek*, acı verici olduklarında bile, deneyimlerin farkında kalabilmektir. Kabul, bilinçli farkındalığın bir boyutu değil sonucu olarak görülmektedir. Örneğin kaygının kabulü, yargısız ve dürtüsel, kaygı temelli tepkilerin bulunmadığı şartlar altında gelişir.

Baer ve arkadaşlarının incelediği ölçeklerin içindeki bilinçli farkındalığı en iyi şekilde ölçen sorulardan Beş Boyutlu Mindfulness Ölçeği (BBMÖ–FFMQ*; Baer ve ark., 2006) oluşturulmuştur.* Yazarlarınıza göre bu ölçek içsel ve kavramsal olarak bilinçli farkındalığın yayımlanan literatürde tanımlanan ögeleriyle tutarlılık göstermektedir. Ölçeğin bilinçli farkındalığın belirgin boyutlarını ayrı ayrı ölçebilme becerisi, Mindfulness temelli müdahalelerde pozitif psikolojik değişimin göstergelerini araştıran bir çalışmada sorgulanmıştır (Baer, 2010). Bilinçli farkındalığın farklı boyutları üzerinde yapılan deneysel araştırmaların başka bir yararı da hastalara bilinçli farkındalığı anlatmayı kolaylaştıran açık ve anlaşılır tanımlar üretmesidir.

* **FFMQ**: Five Facet Mindfulness Questionnaire. (Yay. n.)
** Kınay (2013) tarafından Türkçe'ye çevrilmiştir. (Ed. n.)

Mindfulness Nasıl Çalışır?

Mindfulness'ın işlevsel mekanizmalarını inceleyen bilimsel araştırmalar oldukça yenidir. Birtakım açıklayıcı modeller üzerine yazdığı ayrıntılı tartışmada Baer (2010), konuyla ilişkili etmenleri Mindfulness, merkezsizleştirme, psikolojik esneklik, değerler, duygu düzenleme, özşefkat, maneviyat, beyin değişimi ve dikkat ve kısa süreli bellekteki değişimler olarak listelemiştir.

- **Mindfulness:** Meditasyon egzersizleri günlük yaşamdaki farkındalığı artırır. Bu da, iyi olma halinde artış meydana getirir.
- **Merkezsizleştirme:** Duygulara, gerçek ya da önemli olmak zorunda olmayan, kişisel yatırım gerektirmeyen, herhangi bir tepki gerektirmeyen olgular olarak bakılır.
- **Psikolojik esneklik:** Tatsız ve istenmeyen düşünce ve duygularla, yapıcı olmayan yöntemlerle başa çıkmak yerine, onların var olmasına izin verilir. Böylece kişi kendi hedefleri ve değerleri doğrultusunda davranma fırsatı bulur.
- **Değerler:** Önemli kişisel değerlerin farkına varmak ve onlar doğrultusunda hareket edebilmeyi öğrenmektir.
- **Duygu düzenleme:** Deneyimlendikleri anlarda duyguları fark etmek ve onlara izin vermektir. Onlara otomatik ya da dürtüsel olarak değil, akılcı ve hedef odaklı bir biçimde tepki vermektir.
- **Özşefkat:** Kişinin, kendini kınamadan, kendine dostça davranmasıdır. Hayal kırıklığı ve acı veren duyguların insan olma deneyiminin bir parçası olduğunu kabullenmek; onlardan kaçmadan ya da onların içinde kaybolmadan zorlayıcı durumların içinde mindful kalabilmektir.
- **Beyin değişimi:** Mindfulness beyinde artan bilişsel ve duygusal işlevlere yol açan yapısal ve işlevsel değişimler meydana getirir.

- **Dikkat ve kısa süreli bellekteki değişimler:** Gelişmiş dikkat ve kısa süreli bellek kapasitesi, semptomların azalmasına ve psikolojik işlevselliğin gelişmesine katkı sağlar.

Yukarıdakilere ek olarak, üç tane daha önemli açıklayıcı model bulunmaktadır: Etkileşen Bilişsel Alt-sistemler (EBA–ICS*) kuramı, Mindfulness Budist Psikolojik Modeli (BPM) ve terapötik empati.

Etkileşen Bilişsel Alt-sistemler (ICS) Kuramı

MTBT'yi geliştirenler (Teasdale ve ark., 1995), bilinçli farkındalığın etkilerini, EBA bilgi işleme modeline dayanarak sunmuşlardır. Bu model, çok katmanlı bir bellek sistemi öngörmektedir. İçsel veya dışsal, aldığımız bütün uyaranlar iki şekilde kodlanır: Önermesel (bir şeyi bilmek...) ve anlamsal (bir şeyi hissetmek...). Önermesel bellek, dil yoluyla aktarılabilen ve anlaşılabilen her şeyi kapsamaktadır. Anlamsal bellek ise daha geniştir, doğrudan dille ifade edilemeyen duygusal deneyimler biçimini alabilir. Anlamsal düzeyde, psikoeğitim ve mantıksız düşünceleri çürütmek gibi mantık temelli müdahaleler yararsızdır. Hastaların sıklıkla dile getirdiği zorluklardan biri, ne yapmaları gerektiğini bilmelerine rağmen duygularıyla hareket etmeye karşı koyamamalarıdır. Mindfulness müdahaleleri, önermesel düzeyde sözsel anlamlar aramak yerine, anlamsal düzeyde duygularla çalışmayı vurgular (Baert, Goeleven ve Raedt, 2006).

Budist Psikolojik Model'de Mindfulness (BPM)

Grabovac, Lau ve Willet (2011), Budist Psikolojik Model'i (BPM) temel alarak bilinçli farkındalığı ilgi çekici bir biçimde kavramsallaştırdı. BPM, alışkanlık kazanmış tepkilerimizin (haz verici duygu-

---

* **ICS:** Interacting Cognitive Subsystems. (Yay. n.)

lara bağlanıp, tatsız duyguları reddetmek) nasıl acı çekmeye yol açtığını adım adım anlatan bir tanımdır. Öznel deneyim akışı aslında çoğu bilinçdışı olan ve hızlıca birbirinin ardından gelen duyumsal izlenimler, hisler ve düşüncelerin bütünüdür. Her deneyim içinde, bütün duyguların (korku, öfke ve bunlara bağlı davranışlar) üstünde, birincil ve otomatik bir "hissetme tonu" (nötr, keyifli, keyifsiz) barındırır. Bu sürece iki şekilde kısa devre yaptırılabilir: Mindfulness eğitimi ve içgörü. Artan Mindfulness, kişinin işlev bozucu süreçleri daha hızlı tanıyabilmesine, dikkatini alışkanlığa bağlı gelişen duygusal tepkilerden ayırabilmesine ve hedef odaklı davranışlara odaklanabilmesine yardımcı olur. Kişi, bir şeyi dolaysız olarak deneyimlerken, tüm deneyimlere içkin olan varoluşun en temel üç niteliğinin (geçicilik, acı çekme, benliksizlik) farkına varmasıyla içgörü oluşur.

- **Geçicilik**: Duyumsama etkileri ve zihinsel durumlar gelip geçicidir (ortaya çıkarlar ve yok olurlar).
- **Acı çekme**: Duyumsama etkilerine veya zihinsel durumlara alışkanlık kazanmış tepkiler (bağlanma ve kaçınma) verip bunun farkında olmamak acı çekmeye yol açar.
- **Benliksizlik**: Duyumsama etkileri ve zihinsel durumlar, bir ben adını alabilecek kalıcı bir ayrı kendilik varlığı içermezler ya da bundan oluşmazlar. (Grabovac ve ark., 2011).

BPM'ye göre, varoluşun birbirine bağlı bu niteliklerini doğrudan, somut ve tekrar tekrar deneyimledikçe psikolojik sorunlar azalacak ve psikolojik işlevsellik artacaktır. Budist gelenekte bu süreç ruhsal aydınlanmayla sonlanır.

Sağaltıcı Empati

Son yıllarda protokol temelli tedavi, kanıta dayalı tıp ve rasgele klinik denemeler üzerine yapılan vurguda artış yaşandı. Bu artış, tedavi etkisine, tümden ya da birincil olarak sadece belirli bir sağaltıcı ya da psikofarmakolojik müdahalenin gücünün yetebileceği varsayımına dayanmaktadır. Ancak bazı meta-analizler, artan bir şekilde, terapi etkililiğinin sadece bir kısmının spesifik terapi tekniklerine bağlı olduğunu göstermektedir (Lambert & Barley, 2002; Wampold, 2001). Her ne kadar birçok müdahale bazı hastalıkların tedavisinde (örneğin: obsesif-kompulsif bozukluk için maruz bırakma ve tepki önleme terapisi) gerekli ve kaçınılmaz gözükse de onların spesifik etkilerini gözde büyütme eğilimi vardır. Sağaltım başarısını etkileyen ögelerin etki derecesi şu şekilde tahmin edilmektedir: Yüzde 15 terapi teknikleri, yüzde 40 dış etkenler (yaşamsal durumlar, iş, ilişki vb.), yüzde 15 plasebo etkisi (pozitif beklentiler, inanç), yüzde 30 terapötik işbirliği ve terapistin kişisel niteliği (Lambert & Barley 2001). Hastaların, terapistleriyle olan etkileşimlerini anlatırken en çok dile getirdiği pozitif özellikler, eleştirmeme, ihmal etmeme ve reddetmemenin yanında, empati kapasitesi, sıcaklık, anlayış ve kabulleniciliktir. Bu pozitif özellikler empati terimi altında toplanmaktadır. Empati, içkin bir potansiyel ve geliştirilebilir bir beceridir.

Davidson ve arkadaşları (2003) bilinçli farkındalığın beynin şefkat ile bağlantılı bölümlerinde aktivasyon meydana getirdiğini bulmuştur. Grepmair ve arkadaşları (2007), SCL-90 ve diğer yöntemleri kullanarak, eğitim almakta olan terapistlerin sağladığı tedavileri değerlendirmiş ve meditasyon yapan grubun yapmayan gruptan çok daha yüksek puan aldığını bulmuştur. Lutz, Slagter, Dunne ve Davidson'a (2008) göre bedensel duyumsamalara olan farkındalığın artışının empatinin artmasıyla bağlantısı vardır. Fulton (2005,

2008) gibi birtakım yazarlar, terapistin Mindfulness egzersizleri yapıyor olmasının sadece empatiyi değil terapötik işbirliğinin diğer elementlerini de beslediğine inanmaktadır. Mindfulness pratiği yapmanın yararları arasında terapi boyunca dikkatte artış, hastanın duygularına karşı artan hoşgörü, daha geniş kabullenici tutumda artış ve daha açık bir tutum yer almaktadır.

Bilinçli farkındalığı açıklayıcı modellerin fazlalığı terapistler ve hastalar için karışıklığa neden olmaktadır. Günümüzde, var olan psikolojik müdahaleler hakkındaki bilgilerle aynı belirginlikteki bir açıklayıcı modele ihtiyaç vardır. Dikkat ve duygu düzenleme temelli bir açıklama bu ihtiyacı giderebilmektedir.

İşlevsel bir mekanizma olarak dikkat düzenleme

Dikkat ile ilgili süreçler bilgi işlemenin hemen hemen her aşamasında çok önemlidir ve diğer beyinsel süreçlerin önünde gelir. İşlev bozucu dikkat süreçleri, birçok psikiyatrik sıkıntının oluşmasında büyük rol oynamaktadır. Bunun kaygı ve depresyonda nasıl görüldüğü Koster, Baert ve De Raedt (2006) tarafından açıklanmıştır. Kaygı bozukluklarına biyolojik yatkınlığı olan insanlar diğerlerine kıyasla daha tetiktedir. Bu da:

a– dikkatin kolay dağılmasına,
b– çevreyi tehlike sinyallerine karşı taramadaki artışa,
c– tehlike sinyallerine karşı algıda seçiciliğe,
d– tehlike algılanmayan durumlarda çok geniş bir dikkat alanına sahip olmaya,
e– tehlike algılandığı zamanlarda da dikkat alanında daralmaya neden olmaktadır.

Dikkate ait bu yanlılıklar, dünyanın tehlikeli bir yer olarak deneyimlenmesi sonucunu doğurur. Dahası, böyle yanlılıklar kaygılarımıza zıt düşecek bilgilere verilen dikkati sınırlamaktadır.

Dikkatle ilgili benzer işlev bozucu süreçler, depresyonda da benzer bir rol oynamaktadır. Biliyoruz ki depresyonda kederli bir görünüm daha çok ilgi çekecek, olumsuz anılar daha büyük olasılıkla hatırlanacak ve olumlu bilgiye daha az dikkat verilecektir. Depresyon yaşayan kişiler pozitif deneyimlere yeterince dikkat vermeme eğilimindedir (McCabe ve Toman, 2000), ve karamsar ruh halindeki kişiler kontrol grubuna kıyasla dikkatlerini negatif bilgilerden başka bir yöne çekmekte daha fazla zorluk yaşamaktadır. Buna karşıt olarak, pozitif duyguların daha geniş ve açık dikkatle bağlantısı vardır (Fredrickson, 2004). Dikkat genişliğindeki değişimlerin davranışsal değişimlerle bağlantısı vardır: Geniş ve eşit dağıtılan dikkat, yaklaşım davranışıyla; dar odaklı dikkat ise kaçınma davranışıyla uyumludur (Förster, Friedman, Özelsel ve Denzler, 2006, Förster ve Higgins, 2005).

Birçok insan için dikkat, kişide belli bir düzeye kadar, ya vardır ya yoktur. Dikkat, yöneltilmesi (aktif dikkat) ya da izlenmesi (pasif dikkat) gereken bir şeydir. Fakat dikkat, yüz yıldan fazla bir süredir psikologlar tarafından araştırılan karmaşık bir olgudur. Dikkatin birbiriyle örtüşen çeşitli biçimleri vardır: Odaklanmış, devamlı, seçici ve bölünmüş. Bu dikkat yetilerini eğitmek üst-farkındalığın gelişmesine katkı sağlamaktadır.

- **Odaklanmış dikkat:** Belirli bir uyarana, etkinliğe ya da işe dikkat vermektir.
- **Devamlı dikkat:** Uzun bir süre boyunca korunan dikkattir.
- **Seçici ya da yönetici dikkat:** Gerekli bilgilerin seçilip aynı anda gereksiz bilgilerin gözardı edildiği bir dikkat verme biçimidir.
- **Bölünmüş dikkat:** Birçok konu ya da iş arasında gidip gelmek ya da dikkati bunlara dağıtmaktır. Sıradan etkinlikler sırasında sıkça görülür.

Bu belirgin dikkat süreçlerinin tümü, doğası gereği istenilen davranışın kontrol edilmesi ve sürdürülmesiyle bağlantılıdır.

Yukarıda değinilen dikkat süreçlerini geliştirmek üst–farkındalığı artırır. Bu aynı zamanda bilişsel süreçler ile ilişkili olan üst–bilişsel farkındalık da anlamına gelir: Kişinin ne düşünmekte olduğunu bilmesi. Ancak, üst–farkındalık terimi, düşünceler ve duyumsamalar yoluyla deneyimlenen bütün süreçleri kapsamaktadır. Üst–farkındalık, otomatik pilotta hareket etmek yerine manuel pilotta hareket etmektedir. Literatürde bu üst–farkındalık konumunu tanımlamak için kullanılan birçok terim vardır: Kimliksizleştirmek, tarafsız gözlemci, tekrar algılamak, merkezsizleştirmek, duygu veya bilişsel süreçten ayrışma (:defusion), uzaklaştırmak ve tarafsız izleyici (Smalley & Winston,2010). Bilinçli farkındalığın üst–farkındalıktaki artışa bağlı olarak işleyiş gösterdiği fikrini destekleyen birçok çalışma bulunmaktadır (Carmody, 2009; Hargus, Crane, Barnhofer ve Williams 2010; Rapgay, Bystritsky, Dafter ve Spearman, 2011; Teasdale ve ark., 1995, 2000).

Beyin, içsel ve dışsal uyaranlara farklı şekilde tepki verir. Bunlardan biri aşağıdan yukarıya işlemedir (uyarandan kaynaklı dikkat). Beklenmeyen bir ses duyduğumuz ya da beklenmeyen bir acı hissettiğimiz zamanlarda dikkatimizin istemsiz bir şekilde o yöne doğru odaklanması gibi dikkatin akışı bir uyarana bağlı olarak değişir. Bir diğeri ise yukarıdan aşağıya işlemedir, hedef odaklı ya da yönetici dikkat olarak da bilinir ve kişi tarafından kontrol edilir. Evrimsel açıdan, aşağıdan yukarıya işlemeden sorumlu beyin bölgeleri, beyin sapı kadar eskidir. Yukarıdan aşağıya işlemede kullanılan kontrol mekanizmaları frontal korteks gibi beynin daha yeni bölgeleriyle ilgilidir (Posner & Petersen, 1990; Posner ve Rothbart, 1998).

Yukarıdan aşağıya işleme aynı zamanda kısa süreli bellekle de bağlantılıdır. Kısa süreli bellek, duygular gibi, 'gürültü' ile çevrili uyaranlar düzenlendiği zaman en ideal şekilde çalışır. Kısa süreli bellek sınırlı kapasitesi olan bir sistemdir, ideal bir şekilde çalışması için gereksiz bilgileri filtreleyebilmesi gerekir. Böylece yeni bilgileri alabilir. Kısa süreli bellek bilinçli farkındalık ile geliştirilebilir (Chiesa, Calati, & Serretti, 2011) ve böylece duyguları yönetebilme kapasitesi gelişir.

Onraedt, Koster, Geraerts, de Lissnyder ve de Raedt (2011) işlev bozucu kısa süreli bellek süreçlerinin depresyon için bir risk etkeni olduğunu ortaya çıkarmıştır. Negatif bilgileri gözardı etmekte ya da kısa süreli bellekten atmakta çekilen zorluklar, depresyonu olan kişilerin negatif düşünce ve duyguların kısırdöngüsünde sıkışıp kalması neden olur. Özellikle seçici ve bölünmüş dikkati eğitmek, bu nedenle özellikle önemlidir. Siegle, Ghinassi ve Thase (2007), kısa süreli belleği geliştirmenin, depresyonu olan insanlar için yararlarına ilişkin destekler bulmuşlardır. Aynı zamanda, travma sonrası stres bozukluğunun tedavisinde de ideal düzeyde kısa süreli bellek yükünün etkileri üzerine çalışmalar yapılmıştır. Mindful nefes alıp verme ve göz hareketleri (Göz Hareketleri ile Duyarsızlaştırma ve Yeniden–işleme: GHDY–EMDR*), hoş olmayan düşünce, duygu ya da bedensel duyumsamalara odaklanırken, negatif deneyimlerin doğrudanlığında ve duygusal etkilerinde benzer şekilde azalmalara yol açmaktadır (Van den Hout ve ark., 2010).

Sürdürülen Mindfulness pratiği, kişinin dikkatle ilgili süreçlerini daha iyi anlamasını, tanımasını ve düzenlemesini sağlar. Bu, kişinin belirli bir düşünce ya da duyguya otomatik olarak dikkat verip bunlarla özdeşleşme eğilimini kademeli olarak azaltmasına ve

* **EMDR:** Eye Movement Desensitization and Reprocessing. (Yay. n.)

başka türlü hiç fark edilmeyecek daha geniş yelpazedeki deneyimlere daha çok dikkat ve enerji sağlanmasına olanak sağlar. Tekrar tekrar pratik yapılmasıyla da alışkanlık kazanabilir (Carmody, Baer, Lykins ve Olendzki, 2009).

İşlevsel bir mekanizma olarak duygu düzenleme

Duygular neredeyse bütün psikolojik bozukluklarda çok kritik bir rol oynar. Duygular, içsel ve dışsal uyaranlarla ilişkili bilişten, psikolojik tepkilerden ve davranışlardan oluşan kompleks bir olgudur. Onlar, içsel ve dışsal olaylarla ilgili kritik bilgi içerir, hareketlerimizi motive eder ve başkalarıyla iletişim kurmamızı sağlar. Duygu düzenleme de, hangi duyguları ne zaman, nasıl ve neden deneyimlemek istediğimizi etkilediğimiz bir süreçtir.

Psikolojik bozukluklarla ilgili, özellik Tanılararası Kuramı ve Kabul ve Kararlılık Terapisi gibi, yeni bakış açıları bütün psikopatolojilerin temelinde duygu düzensizliğinin yattığını varsayar (Farchione ark., 2012; Hayes, Wilson, Gifford, Follette, & Strosahl 1996; Watson, 2005). Negatif duygularının yapısına bağlı olmaksızın, hastalar genelde hep aynı işlev bozucu stratejilere bel bağlamaktadır: Kaçınma, bastırma ve ruminasyon (takıntılı tasalanma). Bunların kısa süreli olarak etkisi olsa da uzun vadede durumu daha da kötüleştirmektedirler. Bu, komorbiditeyle (eşzamanlı hastalık*) olduğu gibi tedavi etkilerinin hastalıklar arasında genellenebilmesiyle ilgili de açıklama sunar (Barlow ve ark., 2011).

Mindfulness temelli müdahaleler, bilişsel–davranışçı terapiler ve diğer tedavi yöntemlerinden önemli bir noktada ayrılır: Duyguların ve düşüncelerin içeriğini değiştirmek yerine Mindfulness

---

* **Eşzamanlı Hastalık:** İki veya daha fazla rahatsızlığın, aynı kişide aynı zamanda bulunması, çakışması (Yay. n.)

hoşgörü gerektirir. Meditasyon, kişiye dikkat dağıtıcı etmenleri onlara kapılmadan farkına varabilmeyi öğretir. Duygular en büyük dikkat dağıtıcı etmenlerden biri olduğu için, Mindfulness sürekli olarak bedendeki tatsız hisler ve kafadaki tatsız düşüncelerle yüzleşmeyi içerir. Dahası, artan farkındalık duyguların nedenleri ve geçmişteki hoş olmayan deneyimlerle bağlantısı gibi altta yatan nedenlerle ilgili içgörüyü (duygusal farkındalık) genişletir. Başka bir deyişle Mindfulness, maruz bırakma yöntemi gibi çalışır. Goleman (1998) bu nedenle, bilinçli farkındalığın sonucunu "genel duyarsızlaştırma" olarak adlandırır. MTBT, duygulara yoğunlaşan özgül bazı uygulamalar içerir, bunlardan biri Zorluklarla Çalışma Meditasyonudur (Segal ve ark., 2013).

Duygusal düzenlemenin bilinçli farkındalığın en önemli işlevsel mekanizması olduğuna ilişkin kanıtları Chambers, Gullone ve Allen (2009), Hill and Updegraff (2012), Rapgay ve ark., (2011, 2013) ve Treanor (2011) makalelerinde bulabilirsiniz. Chiesa, Serretti ve Jakobsen (2013), beyindeki Mindfulness temelli duygu düzenleme yapı ve süreçleriyle ilgili ayrıntılı bir açıklama sunmaktadır. Bazı araştırmacılar bilinçli farkındalığın aşağıdan yukarı bir duygu düzenleme stratejisi olduğunu düşünürken, bazıları yukarıdan aşağı bir süreç olduğunu düşünmektedir. Beyin araştırmaları tarafından en iyi desteklenen hipotez: Meditasyona yeni başlamış uygulayıcılar için bilinçli farkındalığın yararlarının prefrontal korteksten limbik sisteme yukarıdan aşağı bir düzenleme ile ortaya çıkmasıdır. Meditasyon yapan kişiler deneyim kazandıkça aşağıdan yukarı işleme daha fazla rol kazanmaktadır. Yukarıdan aşağı ve aşağıdan yukarı işleme süreçleri arasında kademeli bir geçiş yaşansa da her biri duygu düzenlemede önemli bir oynamaktadır (Chiesa ve ark., 2013).

Özet

Mindfulness'ın işe yarayış nedeninin dikkati ve duygu düzenlemeyi geliştirişi olması, terapist ve hastalar için işlevsel bir gerekçe sağlamaktadır. Mindfulness hastalara, günlük hayattan örneklerle ya da hastanın kendi deneyimlediği sorun çıkaran durumlardan yola çıkarak kolayca anlatılabilir. Duygusal sorunlar çoğunlukla tetikleyici bir durumun hemen ertesinde oluşan tatsız ya da acı verici hislerin ardından gelen kritik bir tepkiyle sonuçlanır: "Bu rahatsızlık verici", "Bunu istemiyorum", "Bu bitsin". Bu da sonuç olarak hoş olmayan bedensel duyumsamaları ve düşünceleri çözümlemek için geliştirilen belirli birtakım düşünme ve davranış modları gibi karşı önlemlere yol açar.

Mindfulness eğitimi kişinin bu örüntüleri daha çabuk fark edebilmesine ve dürtüsel ve otomatik tepkiler göstermeden hedef odaklı dikkatini koruyabilmesini sağlar. Kişi, hareketlerine ve durumlarına dışarıdan bakabilmeyi öğrenir, bu da hem içgörü hem de daha farklı ve makul bir şekilde tepki verebilme becerisi kazandırır. Mindfulness eğitimi, dikkat dağıtıcı unsurların farkına varıp onları salıverebilme becerisini geliştirir. Duygular, en zorlayıcı dikkat dağıtan unsurlardan biri olduğu için, meditasyon kişinin sorun oluşturan düşünceler ve duyumsamalarla başa çıkabilmesi için gerekli esnekliği kazandığı sürekli bir öğrenme sürecidir. Dikkat ve duygu düzenlemenin aynı anda geliştirilebileceği bir eğitim psikiyatrik semptomlarda azalma ve sağlıkta iyileşme meydana getirir.

Kısım 2

Eğitim Kılavuzu

4 Çerçeve

Bu eğitim protokolü, 90 dakikalık sekiz grup seansını ve iki kontrol seansını içermektedir. Gruplar, 18–65 yaşları arasında 8–12 arası kadın ve erkeklerden oluşmaktadır. Grubun kişi dağılımı değişim gösterse de gruplar mümkün olduğunca eşit dağıtılmaya çalışılmalıdır. Eğer, örneğin, bir erkek katılımcı gelirse, bir erkek katılımcı daha almak uygun olur. Bu teknik olarak grup terapisi olmasa da burada "her şeyden iki tane" diyen 'Nuh'un gemisi prensibi'ni uyguluyoruz, çünkü kişi diğer grup üyeleriyle özdeşleşebildiğinde onaylama, tanıma ve öğrenme kapasitesi artmaktadır. Belirli bir grup, hızlıca ve sıklıkla duygularını geren dürtüsel kişilerin yanında duygularına ket vuran, kopuk ve ifadesiz kişilerden oluşabilir. Çeşitliliğin temelinde yatan düşünce, güvenli bir eğitim ortamında herkesin birbirinden bir şeyler öğrenebileceğidir.

Eğitim protokolünün tedavi protokolünden ayrışan niteliği, grup içinde tartışılan her şeyin beceri kazanımıyla bağlantılı olmasıdır. Katılımcıların düşüncelerine yer verilse de ideal olan programa bağlı kalmaktır. Seviyesine bağlı olarak grubun dinamiği otomatik pilot ve şemalar/modlar arasındaki etkileşimleri sergilemek için kullanılır. Eğitmen, katılımcılardan gelecek her şeye açık ve meraklı olmalıdır. Bu şekilde gerekli Mindfulness yaklaşımı için grup üyelerine etkili bir şekilde model olabilir. Buna ek olarak, eğitmenler şemalar, modlar ve şema baş etmeleri ile ilgili psikoeğitim de verir.

Bu protokol ile Segal ve arkadaşları (2002) tarafından tanımlanan protokol gibi diğer eğitim protokollerinin arasındaki önemli bir fark ise eğitmenlerin daha hareket odaklı ve düzenleyici bir fonksiyon göstermesidir. Bu da, çok fazla psikoeğitim gerektirir. Bu eğitim biçimi, daha ciddi kişilik sorunları olan insanların eğitiminde vazgeçilmezdir. Bu, eğitmenin işini daha da zorlaştırır. Bu nedenle eğitmen daha mindful bir şekilde hareket odaklı olmalıdır.

Katılımcıların kişilik sorunlarının derinine inmek yerine her katılımcının en etkin şema ve modları belirlenir ve eğitim boyunca bunlar üzerinde durulur. Dikkat belirli şema ve modlara odaklanarak, şema süreçlerinin anlaşılması ve farkındalığı kolaylaştırılır.

İlk iki seans temel Mindfulness becerilerinin tanımlanması, açıklanması ve pratiğinin yapılmasına yoğunlaşır. Egzersizler, başka kaynakların yanısıra, depresyon için Mindfulness temelli bilişsel terapide (Segal ve ark., 2002) tanımlandığı gibidir. Üçüncü seansta katılımcılar acı verici anılar üzerinde bilinç geliştiren farkındalık alıştırması yapar. Dördüncü seanstan itibaren katılımcılar, şema ve modlarını etkinleştikleri anlarda bilinçli olarak gözlemleyebilmeyi öğrenir. Beşinci ve altıncı seansta, katılımcılardan şema ve modlarına bilişsel düzeyde bir meydan okuma yapmaları ve Mindfulness temelli yapma–modu alıştırması yapmaları istenir. Yedinci ve sekizinci seansta Sağlıklı Yetişkin ve Mutlu Çocuk modlarının farkındalığını kolaylaştıracak uygulamalar içerir. Son olarak iki tane kontrol seansı planlanır; bu seanslar katılımcılara belleklerini tazeleme ve şema–mod bağlamında yeni Mindfulness egzersizlerini öğrenme fırsatı sağlar.

Bizim Mindfulness uygulaması tanımımız, bilinçli olarak dikkat odaklı unsur ve hareket odaklı unsur (yapma modu) arasında belirgin bir sınır çizer. Bu ayrım iki süreç arasında yapay bir fark oluşturması için değil katılımcıların bu ikili sürecin farkına varmasını sağlamak için geliştirilmiştir. http:// www.psikonet.com/semamindful adresinden bu kitaptaki egzersizlerin ses dosyalarının Türkçe kayıtlarına ulaşabilirsiniz. Deneyimler, grup buluşmaları dışında katılımcıların kendi başlarına yaptıkları pratiğin eğitimin verimini artırdığını gösterdiği için bu dinleme egzersizlerini gerekli görü-yoruz. Ölçümler, eğitim öncesi ve sonrası hastaların kendi deneyimlerini kaydettikleri ölçekler yardımıyla yapılmaktadır (YSQ ve SMI-I[1]). Ölçeklerden biri seanslar boyunca birkaç kez uygulanmaktadır (Five Facet Mind-fulness Questionnaire,[2] Baer, 2010). Eğitim boyunca edinilen deneyimleriyle ilgili daha fazla içgörü sağlaması için sonuçlar katılımcılara verilir. Bu ölçeklerde kullanılan dilin, sonuç etkisine değil deneyime odaklandığının altı çizilmelidir. Etkilere yapılan herhangi bir vurgu, eğitimden semptom, şema ya da modların değişmesinin beklenmesi gerektiği algısını yaratır. Değişim mutlaka olacaktır ama bu amaç değildir. Eğitimin amacı, önceden belirlenmiş hedefler olmaksızın, hareket odaklı olmadan mindful olabilmeyi öğrenmektir.

---

1 YSQ: Young Schema Questionnaire - Young Şema Ölçeği; SMI: Schema Mode Inventory - Şema Mod Envanteri.

2 Beş Boyutlu Bilinçli Farkındalık Ölçeği: Kınay, F. (2013). *'Beş Boyutlu Bilinçli Farkındalık Ölçeği'ni Türkçe'ye Uyarlama, Geçerlik ve Güvenirlik Çalışması'*. Yayımlanmamış yüksek lisans tezi. İstanbul Bilim Üniversitesi, İstanbul. (Ed.n.)

5 Tedavinin Uygun Olmadığı Durumlar

Melankoli semptomları olan, oldukça kaygılı bir genç adam, ilk değerlendirme için kayıt yaptırdı. Okuldan uzaklaşan hasta, zamanının büyük çoğunluğu evde oturarak, oyun oynayarak ya da TV izleyerek geçiriyordu. Aldığı terapileri bırakma geçmişi vardı. Hastanın en belirgin şemaları Başarısızlık, Duygusal Yoksunluk ve Sosyal İzolasyon olmakla birlikte en aktif modları da Kopuk Korungan, İncinmiş Çocuk ve Talepkâr Ebeveyndi. Gerçekten yardım almak istiyordu ve bunun için ne gerekiyorsa yapmaya hazırdı fakat tekrar tedaviyi bırakacağından korkuyordu.

Terapiye başlamadan önce, sekiz seanslık Mindfulness ve Şema Terapi eğitimine katılmaya karar verdi. Bu, ona ilk kez bir programı bitirebilme deneyimini sundu. Göreceli olarak kısa olan bu eğitim periyodu, Şema Terapi'ye giriş görevi görüp, ona terapiyi tamamlamak ve verilen ödevleri yapmak için yeterli motivasyonu olup olmadığını gösterecekti. Ayrıca onun için, içine kapanma, ruminasyon ve video oyunu ve televizyon formunda hep var olmuş bir dikkat dağıtıcı olan kaçınmaya karşılık güzel bir alternatif olacaktı.

Mindfulness eğitiminin birçok klinik ortamda çok çeşitli hasta gruplarıyla kullanımı giderek artmaktadır fakat etkililiğiyle ilgili çalışmalar yetersizdir. Şu an'a kadar, tedavi olarak uygulanabileceği ya da uygulanamayacağı durumların bilimsel olarak desteklenen ölçütleri bulunmamaktadır. Bu protokoldeki ölçütler yazarlarınızın kendi çalışma deneyimlerinden gelen içgörüleri ve genel psikoterapi ve psikolojik tedavi kılavuzları ile temellendirilmiştir.

Tedaviye alma kriterleri şunlardır:

- Alışkanlık haline gelmiş örüntülerin farkına varmaya açık olmak (şemalar/modlar)
- Belirgin kişilik bozuklukları/sorunları dahilinde tekrarlayan Eksen-I bozuklukları
- Kalıcı ruminasyon (takıntılı tasalanma)
- Duygu düzenleme zorlukları
- Dürtüsellik ve bunu incelemek ve değiştirmek için hazır olmak
- Sosyal iletişimde sürekli varolan sıkıntılar
- Uzun süreli Şema Terapi tedavisine karşı olan çekincelere rağmen Şema Terapi'ye karşı açıklık
- Şema ve modlar hakkında olan sınırlı içgörüye rağmen Şema Terapi'ye açıklık (anketlerden elde edilen düşük puanların işaret ettiği gibi)

Tedavinin uygun olmadığı durumlar şunlardır:

- Egzersizleri ekstra yorucu kılan ve hastanın konsantrasyonunu kötü etkileyen ileri derecede ağır Eksen-I bozuklukları (örneğin, ileri derecede madde bağımlılığı)
- İleri derecede öğrenme güçlüğü
- Mindfulness egzersizlerine zaman ayırmaya hazır olmamak
- Kriz durumları için önceden plan yapmaya hazır olmamak
- Acil müdahale gerektiren sosyo-ekonomik yaşam koşulları (evden atılma, çok fazla borç, hukuki süreçler)

- Katılımcının, sosyal çevresinden eğitim ile ilgili destek bulamaması
- Eğitimin dilini akıcı konuşamamak

Grup temelli Mindfulness eğitimi için tedavinin uygun olmadığı özgül durumlar şunlardır:

- Empatik kapasite yoksunluğu
- İşitme engeli

6 Eğitim

Tanı, İlk Değerlendirme ve Etki Ölçekleri

Hasta ilk değerlendirmenin ardından birtakım ölçekler doldurur. Terapist, bu ölçekleri birkaç hafta önceden gönderir ki, ölçeklerin sonuçları ilk görüşmede tartışılabilsin. Aşağıda belirtilen ölçekler ilk görüşmeden önce doldurulur.

- Kısa Semptom Envanteri (KSE–BSI*; Derogatis ve Spencer, 1982)
- Young Şema Ölçeği (YŞÖ–2; Schmidt ve arkadaşları, 1995);
- Şema Mod Envanteri-I (ŞME-I); Lobbestael ve ark., 2007).

Ölçekler ilk değerlendirmeden önce doldurulur. Sonuçlar, en yüksek puanlı üç şema ve modu belirlemek için kullanılır. Bu şema ve modlar ilk değerlendirmede hastaya verilen bir raporda listelenir (Örnek için bkz. Ek 2-A). Hasta dosyasının analizi ve hastayı tedavi için sevk eden taraflarla yapılan konuşmalar da değerlendirmeyi tamamlamak için yararlı bilgiler sağlayabilir.

İlk değerlendirmede hastaya ölçeklerin eğitimin bir parçası olduğu açıklanır: Ölçekler tedavi programının başlangıcında ve sonunda uygulanır ve hastanın en yüksek puanlı şema ve modlarını tanımlamak amacıyla da kullanılır. İlk değerlendirmenin yapılacağı

* BSI: Brief Symptom Inventory. (Yay. n.)

görüşme için ölçeklerin tamamlanması şartı koşulur. Hastaların çoğu ölçekleri zamanında bitirip teslim etse bile, bazıları tamamlamaz. Eğer yetersiz özdenetim şeması yüksek olan bir hasta buna uygun bir şekilde ölçeği dolduramıyorsa, hasta ve terapist davranışsal analiz yapmak üzerine anlaşabilirler. Hasta, Mindfulness (bilinçli farkındalık) ve şema terapi eğitiminin birçok uygulama içerdiğini ve bunları yerine getirmenin önemli olduğuna dair bilgilendirilir. Hasta, ölçeklere gösterdiği çabanın ilerideki Mindfulness uygulamalarını yapmaya yönelik motivasyonunun bir göstergesi olacağının farkında olmalıdır.

Tercihen ölçek sonuçlarının çıkarımları bir tahtaya yazılmalıdır. Hastanın en yüksek üç şema ve modu, en yüksek puanlı psikolojik semptomlarıyla birlikte tartışılır. Hastanın günlük yaşamdaki deneyimlerinin incelenmesi, kişinin şema ve modlarının işleyişlerini gösteren örnekler vermelidir. Hastanın semptomlarının ne zaman arttığını fark etme kapasitesini değerlendirmek ve (örneğin belirli durumlarda verilen otomatik tepkiler gibi) otomatik pilotun rolünü anlamasını ölçmek için çaba gösterilmelidir. Hastanın dürtüsellik eğilimi olup olmadığını, ya da tam tersi dürtülerine ketleme ve aşırı kontrol yapıp yapmadığını belirlemek önemlidir. Semptomlarını zayıflık işareti olarak mı görmektedir? Hastanın ağır basan ilk üç şema ve modlarına dayanarak, hastanın otomatik pilotu gün yüzüne çıkarılır.

Değerlendirmenin ardından terapist eğitim süreciyle ilgili hastaya birtakım bilgiler verir.

Yaptığımız şeylerin çoğunu otomatik pilotta yapıyoruz. Otomatik pilotunuzun kendinize ve diğerlerine dahil olmak üzere, durumlara verdiğiniz tepkileri biçimlendirme yolları büyük ölçüde şemalar ve modlardan etkilenir. Örneğin, Yüksek Standartlar şeması tetiklendiğinde huzursuzluk gibi duygulara karşı çok çalışarak, kendinize hayli yüksek standartlar koyarak cevap verebilirsiniz. Üzgün birini gördüğünüzde bu kişi ile ilgilenebilmek için kendi yolunuzdan çıkabilir ve kendi kişisel sınırlarınızın görüşünü kaybedebilirsiniz (Söz Dinleyen Teslimci mod) veya durumdan kopabilir ve yalnızca ilgi gösteriyor gibi yapabilirsiniz (Kopuk Korungan mod). Hepimizin durumlarla ve duygularla başa çıkmak için farklı yolları vardır ve biz alışkın olduğumuz stratejilere bağlı kalmaya eğilimliyizdir. Ancak, her zaman aynı tepkilere bağlı kalmak birtakım dezavantajları beraberinde getirir, tünel görüşün ortaya çıkması bunların en önemsizi değildir. Tünel görüşü alternatif bakış açılarını, düşünme biçimini, davranmayı ve hissetmeyi zorlaştırır.

Mindfulness (bilinçli farkındalık) ve şema terapi eğitimi size şema ve modlarınızın etkin duruma geldiğini fark etmenizi öğretir. Şemalarınızı, duygularınızı ve davranışlarınızı otomatik olarak hareket etmeden gözlemlemeyi öğrenirsiniz. Eğitim, deneyimlerinize karşı çok açık ve geniş bir ilgi duymanızı gerektirecektir. Düşüncelerin, duyguların ve davranışların gelip gittiğini ve her birinin kendi doğal akışını izleyen birer deneyim olduğunu fark edeceksiniz. Bazen deneyimleriniz yoğunlaşır bazense yatışır. Her iki türlü de her zaman gelgitler gibi gelip giden öngörülebilir bir yol izlerler.

Sekiz haftalık eğitim boyunca çalışma kitabınıza yazarak ve Mindfulness (bilinçli farkındalık) uygulamaları yaparak oldukça fazla zaman harcayacaksınız. Bu kolay olmayabilir. Bazı insanlar oldukça dürtüseldir. Bu durum onların egzersizleri uygulamasını zorlaştırır. Egzersizleri sıkıcı ve bıktırıcı bulabilirler veya uygulamalar için ajandalarına plan yapmayabilirler. Yüksek Standartlar şemasına sahip davranışların gelip gittiğini ve her birinin kendi doğal akışını izleyen birer deneyim olduğunu fark edeceksiniz. Bazen deneyimleriniz yoğunlaşır bazense yatışır. Her iki türlü de her zaman gelgitler gibi gelip giden öngörülebilir bir yol izlerler.

Sekiz haftalık eğitim boyunca çalışma kitabınıza yazarak ve Mindfulness (bilinçli farkındalık) uygulamaları yaparak oldukça fazla zaman harcayacaksınız. Bu kolay olmayabilir. Bazı insanlar oldukça dürtüseldir. Bu durum onların egzersizleri uygulamasını zorlaştırır. Egzersizleri sıkıcı ve bıktırıcı bulabilirler veya uygulamalar için ajandalarına plan yapmayabilirler. Yüksek Standartlar şemasına sahip olan diğer insanlar ise doğrudan sonuç beklerler ve sonuçlar hemen gelmediğinde hüsrana uğrarlar. Bazı insanlar depresif, kaygılı veya dalgın hissettiklerinde egzersizleri yapmayı azaltırken, bazıları da her şey yolunda giderken daha az uygulama yaparlar. Sizin bu eğitim sırasında uygulanan egzersizlerde ne gibi zorluklarla karşılaşabileceğinizi bulalım. Biz; otomatik pilotta iken durumlarla, düşüncelerle, duygularla, hareketlerle ve fiziksel hislerle nasıl başa çıktığınızı öğrenmek istiyoruz.

Eğer hasta katılım için istekliyse, diğer pratik meseleler tartışılır. Gizlilik ilkeleri ve dakiklik beklentileri de dahil olmak üzere grubun yapısı ve kuralları belirlenir. Eğitim ücretleri ve eğitmen iletişim bilgileri katılımcılara verilir. Hasta, Mindfulness (bilinçli farkındalık) ile ilgili bir broşür alır *(bkz. Ek 2-B)*.

Hasta, kendi otomatik pilotunu fark etmeyi öğrenmesinin; tek başına semptomların azalacağı veya her şeyi kapsayan bir çözüm bulacağı anlamına gelmediğini anlamalıdır. Kökleşmiş yapıların farkındalığının artmasının hastanın durumlara, düşüncelere, duygulara ve davranışlara olan bakış açısının genişlemesine yardım ettiği; yani bilinçli farkındalığın tünel görüşün etkilerini azalttığı açıklanır.

Ölçeklerin sonuçları, hasta dosyasının analizi ve ilk değerlendirme, hastanın eğitim sırasında karşılaşabileceği olası sorunları tahmin etmede kullanılır. Yüksek Standartlar şemasına sahip bir kişi her uygulamanın amacını önceden bilme arzusuyla, sonuç görmek için sabırsızlanabilir. Disiplinsiz çocuk modu yüksek olan bir kişi uygulamaları düzenli bir şekilde yapma konusunda sıkıntı çekebilir ve aynı zamanda bunları sıkıcı bulabilir. Bu davranışlar kendi otomatik pilotlarıyla tekrar ilişkilendirilir. Bunun gibi eğitim sırasında gelişebilecek olası engelleri keşfetmek, hastanın egzersizleri uygulama konusundaki motivasyonunu artırabilir; aynı zamanda otomatik örüntülere değinmeyi ve bu gibi durumlar ortaya çıktığında onlarla başa çıkmayı kolaylaştıracaktır.

Martha, ani ruhsal durum değişimleri göstermektedir. İnsanlar ona çok yaklaştıklarında veya özeline girdiklerinde onlara karşı saldırgan olma eğilimi gösterir. Martha ne zaman kötü hissetse, kendini çekme eğilimindedir.

İlk değerlendirme sırasında, Martha'nın otomatik tepkileri Terk edilme/ İstikrarsızlık şemasıyla ilişkilendirilir. Mindfulness (bilinçli farkındalık) eğitimine karşı olası tepkileri, kendini gruptan çekme, katılımdan kaçınma, şişirilmiş bir imaj çizme veya durumla kendi kendine başa çıkabileceğini iddia etmeyi de içerecek şekilde belirlenir. Martha, bu olasılıkların gerçek olabileceğini belirtir ve eğitmenlere Martha'nın otomatik pilotuna, ortaya çıktığı zamanlarda dikkat çekebileceklerine izin verir.

1, 3, 5 ve 7. seanslar sırasında, hastalardan Beş Boyutlu Bilinçli Farkındalık Ölçeğini *(bkz. Ek 3-B, Baer, 2010)* doldurmaları istenir. Bu özdeğerlendirme ölçekleri günlük Mindfulness deneyimlerinin sıklığını ölçer. Katılımcıların kendilerine yönelik yeni bir bakış açısı kazanmalarına yardım etmek için kullanılır. Ölçek, hastaların kendi sonuçlarına hareket odaklı hatalara düşmeden, "Nasıl gelişebilirim? Nelerin değişmesi gerekiyor?" gibi ani düşüncelere kapılmadan sonuçlara farkındalıkla bakmalarını gerektirir.

Son seansın ardından, katılımcılar KSE, YŞÖ ve ŞME-I testlerini tekrardan doldururlar. Sonuçlar hesaplanır, bir raporda belgelenir ve eğitim öncesi sonuçlarla karşılaştırılır. Biraraya getirilmiş sonuçlar katılımcıyla birlikte tartışılır ve bu sonuçlar, programın sonlandırılıp sonlandırılmayacağına veya izleyen tedaviye devam edilip edilmeyeceğine yönelik bir karar vermede temel oluşturur.

Eğitim Tutumu

Yakınlık, sıcaklık, destek, ilgi ve saygı eğitmenlerin eğitime pozitif etki getirebileceği niteliklerden birkaçıdır. Eğitim sırasında, eğitmenler sürekli olarak deneyimden çok, tavra odaklanmalıdır. Deneyimin içeriğine odaklanmaktan, deneyime doğru yönelen bir geçiş vardır. Katılımcılar; eğitmenler onlara davetkâr, dikkatli ve meraklı bir tavırla yaklaştığında onaylanmış hissederler. Her uygulamadan sonra deneyimlerini sormayı, ilgi ile sorgulayarak onların yanıtlarını izlemeyi hedefleyin. Ne tür fiziksel hisler, düşünceler ve duygular deneyimlediler ve bu deneyimler nasıldı? Deneyimlerine ne tür anlamlar yüklediler? Eğitmenin merakı, katılımcıların ilgilerini kendi kişisel deneyimlerine yönlendirmelerine yardımcı olur.

Eğitmenlerden birinin Mindfulness uygulamalarına katılmasını, gözlerini kapalı tutup dik ve dingin bir pozisyonda oturmalarını öneriyoruz. Eğitmen böyle yaparak uygulama sırasında izlendiği düşüncesi ile sık sık endişelenen veya rahatsız olan katılımcılar için bir rol–model haline gelir. Ayrıca, katılımcılar eğitim sırasında uygulamayı yapacakları bölgeyi ve bulundukları pozisyonu seçme konusunda kendilerini özgür hissetmelidirler. Eğer en rahat hissettikleri pozisyon öyle ise, bir köşede oturabilirler veya gruba arkalarını dönebilirler. Katılımcılar için önemli olan nokta, uygulamalar sırasında bastırılmamış ve huzurlu (içi rahat) hissetmeleri ve çevreyle ilgili olarak endişeli duygulara kapılmış hissetmemeleridir.

Segal, Teasdale ve Williams (2002) eğitmenlerin diğerlerine Mindfulness öğretmeye başlamadan önce kendilerinin ustalaşmalarını önerir. Eğitmenler Mindfulness uygulamalarını günlük bir alışkanlığa dönüştürmeli, kendileri bilinçli farkındalığın prensiplerini içsel bir bakış açısıyla kavramalılar. Segal ve arkadaşları pilot eğitimlerini gerçekleştirdiğinde, önceden kaydedilmiş Mindfulness ses dosyaları ve ev ödevlerinin tek başlarına etkili olmadığını fark ettiler. Kendileri malzemeyi deneyimlemiş olduklarında eğitmenler uygulamalar sırasında ortaya çıkan sorunlarla başa çıkma konusunda daha yeterliler. Yalnızca düşünsel bir anlayış yeterli olmayacaktır; eğitmenler Mindfulness içeren tutum ve teknikleri aktarmak için kendi sözcük ve hareketlerini kullanabilmelidirler. Segal ve arkadaşları yüzme derslerinden bir benzetme ile şöyle anlatıyor: İşinin ehli bir eğitmen iyi bir yüzücüdür ve aynı zamanda düzenli olarak pratik yapar.

Uygulama sonrası değerlendirme ve tartışma bölümü için seanslarda bol miktarda zaman ayrılmalıdır. Tüm katılımcılara değinmeye ve onların deneyimlerini paylaşmaya yeterli bir zaman olmayacaktır, dolayısıyla eğitmenler her seansta farklı bir katılımcının ödevine odaklanmaya önem vermelidir.

Uygulama sonrası tartışmalar dikkat, davet ve merak içeren bir tutum gerektirir. Bizim deneyimlerimiz her katılımcının egzersizlere farklı şekilde yanıt verdiğini gösterdi. Bu nedenle onlara meraklı ama düşünceli bir tavırla soru sorduğunuzdan emin olun. Egzersizleriniz sırasında neler deneyimlediniz? Gün içerisinde uygulama yapmayı düşündüğünüz anlar oldu mu? Egzersizinizi ertelemeye karar verdiğiniz sırada zihninizden neler geçiyordu? Uygulama sırasında oluşan olası şemaları ve modları belirlemeye çalışın.

27 yaşında bir erkek olan Bert, Mindfulness eğitimine daha yeni başlamıştı. Talepkâr ebeveyn modu hayatındaki sorunların kaynağı olduğu için terapi almaya başladı. İşyerinde bocalamaya başlamıştı ve Talepkâr Ebeveyn modu her zaman kendisini kötü hissettiriyordu. Eskiden işleri çabuk ve etkili bir şekilde hallederdi, ancak son zamanlarda işleri erteliyor ya da tamamen işlerden kaçınıyordu.

İkinci eğitim seansında Bert, eğitmenine uygulamalarla ilgili sıkıntı yaşadığını anlatır. İlerleyen sorgulamalarda eğitmen, Bert'in uygulama yaptığını ancak odaklanmada ve egzersizin sonunu getirmede sıkıntı çektiğini öğrenir. Egzersizler sırasında hisleri ve fiziksel duyuları sorulduğunda, Bert vücudunun rahatsız olduğunu ve kendini sabırsız ve sinirli hissettiğini söyler. O kalkmayı, ses kaydı dinlemeyi bırakmayı ve gidip uğraşmaya daha değer bir şeyler yapmayı tercih ederdi. Bütün bunlara rağmen, uygulamayı bitirmeye ve haftada dört kez pratik yapmaya karar verdi. Eğitmen, Bert'in düşüncelerini, duygularını ve fiziksel duyularını tahtaya yazar. Normalde Bert deneyimlerine fazla dikkat etmez. O, "otomatik pilot" tarafından yönetiliyormuş gibi davranmaya alışıktır. Ama şimdi deneyimleri açıkça görülebilir olduğunda, Bert kendisine karşı ne kadar talepkâr ve kendini eleştirme konusunda ne kadar hızlı olduğunu fark eder. Bu yinelenen bir örüntüdür.

Yukarıdaki örnekte eğitmenin sorgulayıcı yaklaşımı ve birbirini izleyen soruları Bert'in aslında Mindfulness uygulamaları sırasında çeşitli düşünce örüntüleri ve dürtülerinin farkında olduğunu anlamasını sağladı. Bu deneyimlerin farkına varmak çok önemlidir.

Bir katılımcının Mindfulness deneyimleri vücut duyularından, hislerden ve/veya düşüncelerden yana eksik kalıyorsa, o kişiyi şu konularda sorguladığınızdan emin olun:

Bert, Mindfulness uygulamaları sırasında dirençlilik ve rahatsızlık hissetmeye devam ettiğini açıklar. Bu sık sık gerçekleşir. Eğitmen, Bert'e direnç hissini vücudunda nerede hissettiğini bulup bulamayacağını sorar. Bert, karnında bir gerginlik olduğunu dile getirir. Bu fiziksel duyumsamaya, deneyime izin vermek için daha yakından dikkat etmesi önerildiğinde, Bert'in direnci azalmaya başlar. Yavaş yavaş üzüntü ve çaresizlik hissinin farkına varır. Bu duygular Bert'in daha önce kolay kolay tahammül edemediği duygulardır.

Katılımcılar bazen ödevlerin işlevi ile ilgili kuşku duyarlar. Bu kuşkuları dikkatle dinleyin ve soru sorun. Bir katılımcının ne zaman otomatik pilotta yanıt verdiğini belirleyin.

Bert, sakinleşmek ve dinlenmekte zorlandığını fark eder. Böylesine meşgul ve coşkulu bir toplumda sakinleşmesi ve meditasyon yapması nasıl beklenebilir? Eğitmen bunun, sakinleşme sorunu olmayabileceğini söyler. Önemli olan dikkat ve bilinçli farkındalıkla davranmak. Eğitmen şu örneği verir: "Bu, sanki sen bir avcılık gezisinde ve avını kovalıyormuşsun gibi. Bir hedefi vurmayı ümit ederek, çılgınca her yere ateş ediyorsun. Eğer avına odaklanmayı deneseydin ne olurdu peki?" Bir katılımcı yanıt verir: "Muhtemelen ateş etmeden önce hedefini belirlerdin ve hedefini vurma olasılığın daha yüksek olurdu."

Bert'in örneği her katılımcının bu uygulamalardan hoşlanmadığını gösteriyor. Hastaların hoşnutsuzlukları bir şemanın veya modun etmeni olabilir. Yüksek Standartlar şeması, kişinin kendine pratik yapmak için ayırdığı zamanı kısıtlamasına neden olabilir. Edinilen deneyimler gösteriyor ki, Yetersiz Özdenetim ve Disiplin şeması olan bireyler Mindfulness uygulamalarında sıkılmaya eğilimlidir. Şemalarının performanslarını ve ödev deneyimlerini nasıl etkilediğini ortaya çıkarmak için katılımcılarla birlikte çalışın.

Eğitmenler için tüm grup egzersizlerini tahtaya veya deftere not almak önemlidir. Egzersizlerle ilgili nelerin dile getirildiğine ilişkin genel bir bakış sağlamak, katılımcıların tartışmaları izlemelerini, birbirlerine yanıt vermelerini ve birbirlerine sorular yöneltmelerini kolaylaştırır. Not almak, meraklı ve sorgulayıcı tavrı da destekleyici olacaktır. Her seansın deneyimlerini yazmak pratik değildir. Sadece bir seansın bu şekilde notlarını almak yeterlidir.

Eğitim Programı

Eğitim 8 seans ve 2 adet de takip seansından oluşur. Gruplar için tasarlanmıştır. Seanslar haftada bir gerçekleşir ve bir buçuk saat sürer.

Her seansın yapısı hemen hemen aynıdır. İkinci seanstan başlayarak, katılımcılar defterlerini vardıktan sonra bırakırlar. Belgeler şema Mindfulness sonuçlarını haftalık olarak 0'dan 10'a kadar derecelendirmek için kullanılır (0= şema bilinçli bir şekilde gözlemlenmedi, 10= şema tam bilinçli bir şekilde gözlemlendi). Örnek için Ek-2C'ye bakınız. İkinci seanstan itibaren, ev ödevleri tartışılmadan önce kısa bir Mindfulness uygulaması yapılır. Her seans bir veya iki tane genişletilmiş Mindfulness uygulaması içerir. Yeni uygulamalar ödev olarak verilir. Seanslar başka bir kısa Mindfulness uygulaması ile bitirilir.

Eğitim bireysel olarak da verilebilir. Bireysel seanslar genellikle 90 dakikadan daha az sürer. Her oturumda tüm programı grup formatında anlatıldığı gibi tamamlamak mümkün değildir. Bireysel seanslar kısa bir Mindfulness uygulaması ile başlar, daha sonra defterlerine not ettikleri haftalık şema farkındalık derecelendirmelerinin üzerinden geçilir. Ödevleri tartışmak için bolca vakit ayrılır.

Eğitim programı aşağıda ayrıntılı olarak tanımlanmıştır. Oturumlar boyunca uygulanan ve ödev olarak verilen Mindfulness egzersizleri, her uygulamanın ve onun kuramsal arka planının açıklaması bu kitabın III. kısmında tam olarak verilmiştir (Katılımcı Çalışma Kitabı). Eğitmenlerin bu bilgileri önceden okuması ve her seansta buna atıfta bulunması önerilir.

Seans 1 Şemalar, Modlar ve Mindfulness Eğitimi

Program

- **Giriş:** Açılış konuşmasının ardından, katılımcılar kısaca kendilerini tanıtırlar. Mindfulness (bilinçli farkındalık) ile ilgili daha önceki deneyimlerini sorun. Yoga veya herhangi bir meditasyon deneyimi hakkında da soru sorabilirsiniz.
- **Şema ve Modların Açıklanması:** Mindfulness eğitiminin amacını tartışın.
- **Kuru Üzüm Uygulaması:** Grubun uygulamayı yapmasına izin verin ve ardından bir tartışma ile devam edin. Katılımcılardan deneyimlerini paylaşmalarını isteyin ve görüşlerini tahtaya yazın. Daha sonra, bu uygulamanın amacını açıklayın.
- **Şema ve Modlar Defteri:** Katılımcılardan puanladıkları en yüksek üç şema ve modlarını defterlerine yazmalarını isteyin (örnek için Ek-2C'ye bakınız) ve daha sonra bunları duvara asın. Seans 2'den başlayarak her hafta katılımcılardan, her bir şemaları için gözlemleme farkındalıklarını derecelendirmeleri istenir (0= şema farkındalıkla gözlemlenmedi, 10= şema

farkındalıkla gözlemlendi). İleriki seanslara bu puanlama kağıtlarını getirmelerini söyleyin.

- **Beden Taraması Uygulaması:** Gruba uygulama yönergesini verin. Grubun bir süre uygulamayı yapmasına izin verin, daha sonra katılımcılar deneyimlerini paylaşabilirler. Bunları tahtaya yazın. Eğitmenler, tartışmalar ve sonrasında katılımcılardan gelen deneyimlere yönelik sorular sırasında yargısız davranmaya gayret etmelidirler.
- **Ödev:** Bir sonraki seans için ödevi tartışın. Katılımcılara ödevlerini nasıl dolduracaklarını gösterin.

Ödevin Açıklaması: Günlük Mindfulness

Bugünkü seansta yapılan uygulama, Bilinçli Farkındalığı yaşantınızda günbegün denemeniz için müthiş bir teknik (*bkz. Ek 3-C*). Tüm yapmanız gereken günlük etkinlik ya da işlerinizden birini seçip bunun üzerinde odaklanmış bir dikkat göstermeniz. Bilinçli Farkındalığı dişinizi fırçalarken, saçınızı kuruturken veya duş yaparken uygulamayı deneyin. Bu uygulamayı sosyal ortamlarda veya sevdiğiniz biriyle deneyebilirsiniz. Örneklerden bazıları şunlardır: Eşinizle bir yemekte veya annenizle telefonda mindful bir konuşma. Burada temel nokta dikkatinizi bu etkinliğe odaklamak, özellikle de deneyime. Eğer dişinizi fırçalıyorsanız, dişinizdeki fırçayı nasıl hissettiğinize veya diş macunun tadına dikkat edin. Fırçanın ağzınızın içindeki hareketine duyumsayın. Düşünceleriniz dağıldığında bunun farkında olduğunuzdan emin olun ki şu andaki etkinliğe tekrar odaklanabilin. Hayattaki bu küçük anları tam olarak deneyimlemeye başladığınızda, otomatik pilotunuzun farkında olmak kolaylaşır (Segal ve arkadaşları, 2006).

Ölçek Açıklaması: Beş Boyutlu Bilinçli Farkındalık Ölçeği (bkz. Ek 3-C)

Bu ölçek (Baer, 2010) günlük Mindfulness (bilinçli farkındalık) egzersizlerinin sıklığını ölçüyor. Liste, her biri 5'li likert ölçeği ile yanıtlanan 39 maddeden oluşuyor (1= hiçbir zaman veya çok nadiren, 5= çok sık veya her zaman).

1., 3., 5. ve 7. seanslarda sizden ölçek doldurmanız istenecek. Her seansın sonunda, sonuçlarınıza göz atın. Herhangi bir şey fark ediyor musunuz? Herhangi bir değişim veya sonuç görmek zorunda değilsiniz. Sadece, amacınıza yani yargısız ve eylemsiz gözlemlemeye odaklanın.

Ödev Açıklaması: Şemalarınızın Farkına Varmak

Bu eğitim size şemalarınızın etkinleştiğini farkına varmayı ve hangilerinin tetiklendiğini fark etmeyi öğretir. En güçlü üç şemanızın harekete geçtiğini fark ettiğinizde, haftada kaç kez olduğunu izlemek işe yarayan bir stratejidir. Bu uygulama için, her seanstan önce doldurmanız gereken Kişisel Mindfulness Değerlendirme Formlarını kullanabilirsiniz. Bu yolla, dikkat en yüksek üç şemanızdan her biri üzerine düzenli olarak toplanmış olur.

Ödev: Özet Yazmak

Bu eğitim sırasında eğitmenlerden ve grup üyelerinden birçok bilgi edineceksiniz. Bilgiyi anımsamanın en gözde olan tekniklerinden biri onu kendi sözcüklerinizle yazmaktır. Bunu "Özet Yazma" formunu *(bkz. Ek 3-D)* kullanarak yapabilirsiniz. Her seansın özeti bugüne kadar katılınmış olan seansların sayısını, kalan seans sayısını, güncel seansın kısa bir tanımını, bu seansta ne öğrendiğinizin özetini, seanstan neyi tutmak istediğinizi ve bir sonraki seans için olan ödevinizi içerir. Öğrendiklerinizin kaydını tutmak, belleğinizi güçlendirecek ve eğitimden aldığınız yararı artıracaktır. Tazelenme gereksinimi hissettiğinizde kendi defterinizden kendi deneyiminizle ilgili olan bilgilere dönebilirsiniz.

Seans 2 Çevrenizin Bilinçli Farkındalığı

Program

- **Şema ve Mod Defterleri:** Katılımcılar hafta içerisindeki şema farkındalık düzeylerini değerlendirir *(bkz. Seans 1)*. Eğer katılımcılar defterlerini getirmeyi unuturlarsa, yenilerini yazmalarını isteyin (aynı durum sonraki seanslar için de geçerlidir).
- **Kısa Beden Tarama Meditasyonu** (5 dakika): Eğitmen beden tarama açıklamasına birinci seanstan itibaren değinebilir.
- **Mindfulness Puanlarının Tartışılması ve Ödevler:** Gruba beden taramasını evde yapıp yapamadıklarını sorun. Eğer yaptılarsa, eğitmenlerden biri grubun deneyimlerini ve içgörülerini tahtaya yazsın. Şimdi, bu deneyimler tanımlandı ve tahtaya yazıldı. Katılımcılar neyi fark ediyor? Bu deneyimler için fark edilebilir bir örüntü var mı? Örneğin, bir katılımcı zihinsel deneyimlerin daha fazla üzerinde durduğunu ve fiziksel ve duygusal gözlemleri kaçırdığını fark edebilir. Böyle bir durumda, eğitmen kaçırılan yönler hakkında sorgulama yapabilir.

  Eğer uygulamayı yapmamış bir katılımcı varsa, bu durumu takip edin. Katılımcıyı uygulama yapmadan alıkoymuş olası olayları ve düşünceleri inceleyin ve bunları tahtaya yazın. Bu nedenleri, katılımcılara ödevin amaç olmadığını açıklayarak, yargısız bir şekilde araştırın. Amaç egzersizin öncesinde ve uygulama sırasında olanların farkında olmak. Dönüşüm veya sonuç elde etmek değil, fakat farkındalıkla büyümek.

- **Günlük Mindfulness Uygulaması:** Grup hangi günlük etkinlikleri seçti? Katılımcılar bir şeye mi takıldı yoksa birden fazla etkinlik arasında değişim yaptılar mı? Eğer ikincisini seçtilerse, onları karıştırmaya karar verdiren neydi? Uygulama sırasında oluşan herhangi bir dikkat dağılması durumunu veya oluşan rahatsızlıkları sorun. Katılımcıların gözlemlediği çeşitli duygu ve fiziksel duyumsamaları keşfedin. Yanıtları izlediğinize ve her zaman yargısız bir şekilde yanıt vermek için elinizden gelenin en iyisini yaptığınıza emin olun. Katılımcılar, karşılarına çıkan herhangi bir şeyin farkına varmak için çaba harcadıkları sürece, ödevlerini yapıp yapmadıkları veya nasıl yaptıkları önemli değildir. Tekrar söylemek gerekirse; amaç farkındalıktır, sonuçlar değil.
- **Çevre Farkındalığı Uygulaması:** Bu uygulamayı grup içerisinde uygulayın. Daha sonra, deneyimleri tartışın ve gözlemleri tahtaya kaydedin.
- **Ödev:** Bu seansı bir sonraki haftanın ödeviyle tamamlayın.

Seans 3 Mindful Nefes Alma

Program

- **Şema ve Mod Defterleri:** Katılımcılar geçen haftanın şema ve mod farkındalık düzeylerini değerlendirir.
- **Üç Dakikalık Nefes Alanı Uygulaması:** Nefesin konsantrasyon için nasıl etkili ve kolay bir yardımcı olduğunu açıklayın.
- **Şema Farkındalığı Sonuçlarının ve Ödevlerinin Tartışılması:** Katılımcılar ses kaydı aracılığı ile beden tarama egzersizlerini tamamlayabildiler mi? Uygulamayı yapmayanlar da dahil olmak üzere, grubun deneyimleri hakkında bilgi edinin ve araya giren

tüm etkenleri tartışın. Aynı şekilde, çevrenizin farkındalığı egzersizinin de üzerinden geçin ve günlük Mindfulness ödevini tartışın. Bütün tartışmalar şema ve modların ödevlerle ilgili rolünü ortaya çıkarabilir.

- **Acı Veren Anıların Bilinçli Farkındalığı Uygulaması:** Bu uygulamayı grup içerisinde uygulayın. Katılımcıların kendi deneyimlerini tartışmasına ve gözlemlerini tahtaya yazmasına izin verin.
- **Mindful Yürüyüş:** Bu uygulama için olan yönergeleri açıklayın. Eğer dışarıya çıkmak isteniyorsa, eğitmenler katılımcıların dışarıya çıkmadan önce uygulamayı anladığından emin olmalıdır. İzleyen grup tartışmasında tüm düşünceleri, hareketleri, duyguları veya fiziksel deneyimleri tahtaya yazın.
- **Sonuç:** Bir sonraki seans için olan ödevi verin ve Üç Dakikalık Nefes Alanı egzersiziyle bitirin.

Seans 4 Şema Başa Çıkmalarının Farkındalığı

Program

- **Şema ve Mod Defterleri:** Katılımcılar geçen haftanın şema ve mod farkındalık düzeylerini değerlendirir.
- **Üç Dakikalık Nefes Alanı Uygulaması:** Nefesin konsantrasyon için nasıl etkili ve kolay bir yardımcı olduğunu açıklayın.
- **Şema farkındalığı sonuçlarının ve ödevlerinin tartışılması:** Katılımcılar ses kaydı aracılığı ile beden tarama egzersizlerini tamamlayabildiler mi? Eğer yapamadılarsa, çabalarını engelleyebilecek olan düşünce örüntülerini inceleyin. Acı veren anıların farkına varma uygulaması yapıldı mı? Peki ya günlük Mindfulness uygulaması? Deneyimleri tartışın ve oluşan

düşünce kalıplarının görüntüsünü araştırın. Uygulamalar sırasında veya öncesinde ortaya çıkmaya devam eden belirli şema ve modlar var mı?

- **Şema Başa Çıkmaları:** Şema başa çıkma biçimleri kavramı eğitmenler tarafından açıklanır. Katılımcılar daha sonra Şema Başa Çıkma Anketi doldurur (*bkz. Katılımcı çalışma kitabı*) ve puanlarını hesaplar. Daha sonra sonuçlar grup içinde tartışılır. Sonuçlar katılımcıların kendileri hakkındaki düşüncelerini yansıtıyor mu?
- **Mindful Hokkabazlık:** Her katılımcıya hokkabazlık için üç küçük top dağıtılır. Not: Egzersize sadece iki küçük topla başlayın. Bir eğitmen egzersize gözkulak olurken, diğeri yönergeleri verir ve egzersize katılır. Eğer bir katılımcının iki topu az bir çaba ile veya hiçbir çaba göstermeden oynattığını görürseniz, ona üçüncü topu verin. Bir veya iki dakika sonra tüm katılımcılara diğer topu verin ve biraz sonra bir tane daha ve bu şekilde devam edin. Bazı hastalar üçüncü veya dördüncü top verilince hemen dururlar, bazıları kaç top olursa olsun veya kaç kez topu düşürürlerse düşürsünler devam etmeye çalışırlar. Uygulama, hangi şema ve modların etkinleştiği ve hangi başa çıkma biçimlerinin ne zaman tetiklendiği üzerine bir tartışma ile devam eder. Deneyimleri tahtaya kaydedin.
- **Sonuç:** Sonraki hafta için olan ödevi tartışın. Not: Ses kaydında iki yeni uygulama verilir. Bunlar grup içerisinde henüz uygulanmamıştır ancak katılımcılar bunu katılımcı çalışma kitabından okuyabilirler. Sonraki hafta için olan egzersizleri verin ve seansı Üç Dakikalık Nefes Alanı uygulaması ile bitirin.

Seans 5 İzin Verme ve Olanı Kabul Etme

Program

- **Şema ve Mod Defterleri:** Katılımcılar geçen haftanın şema ve mod farkındalık düzeylerini değerlendirir.
- **Üç Dakikalık Nefes Alanı Uygulaması:** Nefesin konsantrasyon için nasıl etkili ve kolay bir yardımcı olduğunu açıklayın.
- **Şema farkındalığı puanları ve ev ödevleri hakkında konuşma:** Örnekleri ortaya çıktığında, şema kaçınması, şema telafisi ve şema teslimini işaret eden davranışları belirleyin. Katılımcılara ses dosyaları ile son ikisi dahil (Şemalarının Daha Çok Farkında Olma, Şemalarını Daha İyi Tanıma), egzersizlerini dinleyip dinlemediklerini ve uygulamaları yapıp yapmadıklarını sorun. Belirli şemalar uygulamalar süresince ve/veya öncesinde, etkinleşti mi?
- **Üç Dakikalık Şema Bilinçli Farkındalığı:** Bu egzersizde gruba liderlik edin. Katılımcıların deneyimlerini yazın ve tartışın.
- **Kendini ve Diğerini Bilinçli Farkındalıkla Kabul Etme:** Kavram eğitmenler tarafından açıklanır. Egzersize başlamadan önce katılımcılardan yazıyı okumaları istenir. Daha sonra grup küçük gruplara bölünür ve üyeler şemalarına yönelik kabul–temelli düşünceler üretmeye 20 dakika ayırır *(bkz. Katılımcı El Kitabı, 5. Seans)*. Grup üyelerinin birbirlerine olumlu ve kabul eden düşünceler yaratmalarına yardım etmelerinin önemi hakkında tartışın. Sonuçlar her alt gruplar arasında tartışılır ve büyük grup tartışması ile bütünleştirilir.
- **Sonuç:** Takip eden seans için ev ödevi verin ve Üç Dakikalık Nefes Alanı ile bitirin.

Seans 6 Şemalar: Olgu ya da Kurgu?

Program

- **Şema ve Mod Defterleri:** Katılımcılar geçen haftanın şema ve mod farkındalık düzeylerini değerlendirir.
- **Üç Dakikalık Nefes Alanı Uygulaması:** Nefesin konsantrasyon için nasıl etkili ve kolay bir yardımcı olduğunu açıklayın.
- **Şema Farkındalık Puanları ve Ödevler Hakkında Konuşma:** Şemalar olağandan daha etkin olduklarında, onları bir önceki haftanın seans içeriğiyle ilişkilendirin. Katılımcıların kendi şemalarının tetiklenmesini daha kabul edici bir tavırla takip edip edemediklerine bakın. Uygulama kayıtlarını dinleyip dinlemediklerini sorun (son öge dahil: Üç Dakikalık Şema Bilinçli Farkındalığı üzerine derin düşünme). Gerekli görülürse, Günlük Mindfulness uygulaması üzerine biraz zaman ayırın. Düşünce ve/veya davranışta herhangi fark edilir bir örüntü var mı?
- **Niyeti belirtmek:** Niyet kavramını açıklayın. Katılımcıların Bilinçli Farkındalık Niyetiyle, yürüyüş egzersizini açık havada yapmalarını sağlayın. Daha sonrasında, grubun deneyimlerini tartışın ve bunları tahtaya yazın.
- **Şemaları Salmak:** Grubun bu uygulamayı deneyimlemesini sağlayın. Tartışma sırasında deneyimler üzerine odaklanmaya vakit ayırın.
- **Sonuç:** Bir sonraki seans için ödev verin ve Üç Dakikalık Nefes Alanı uygulaması ile bitirin.

Seans 7 Kendine Sağlıklı Yetişkin ve Mutlu Çocuk Aracılığıyla Bakım Verme

Program

- **Şema ve Mod Defterleri:** Katılımcılar geçen haftanın şema ve mod farkındalık düzeylerini değerlendirir.
- **Üç Dakikalık Nefes Alanı Uygulaması:** Nefesin konsantrasyon için nasıl etkili ve kolay bir yardımcı olduğunu açıklayın.
- **Şema Farkındalığı Puanları ve Ödevleri Hakkında Konuşma:** Katılımcılar otomatik pilotları devreye girmeden, herhangi bir şema farkındalığı süreci deneyimledi mi? 'Günlük Mindfulness' ve diğer ses kayıt egzersizlerinin durumunu sorun. Grup, son ses kayıt egzersizini dinledi mi (Şemaları Salmak)?
- **Kendine Sağlıklı Yetişkin ve Mutlu Çocuk Aracılığıyla Bakım Verme:** Bu modların özelliklerini açıklayın. Daha sonra Sağlıklı Yetişkin ve Mutlu Çocuk farkındalığı egzersizini uygulayıp, grup içerisinde tartışın. Deneyimleri tahtaya yazın.
- **Gelecek için Hazırlık:** Eğitimciler bu uygulamayı açıklamak için beş dakika ayırır, daha sonra grubu küçük gruplar haline böler. Egzersize başlamadan önce üyelerden çalışma kitaplarındaki ilgili metni okumaları istenir. Uygulama kağıtlarını doldururken birbirlerine yardım edebilecekleri hatırlatılır. Daha sonrasında, gruplar biraraya toplanır ve sonuçları hakkında konuşmaları sağlanır.
- **Sağlıklı Yetişkin ve Mutlu Çocuğun Neye İhtiyacı Var:** Bu uygulamayı gruba açıklayın ve ev ödevi olarak verin.
- **Şemaların Salt Düşünceler Olarak Bilinçli Farkındalığı:** Bu uygulamayı gruba açıklayın ve ev ödevi olarak verin.
- **Sonuç:** Bir sonraki seans için ödev verin ve Üç Dakikalık Nefes Alanı uygulaması ile bitirin.

Seans 8 Gelecek

Program

- **Şema ve Mod Defterleri:** Ödev formları ele alınır ve katılımcılar geçen haftanın şema ve mod farkındalık düzeylerini değerlendirir.
- **Üç Dakikalık Nefes Alanı Uygulaması:** Nefesin konsantrasyon için nasıl etkili ve kolay bir yardımcı olduğunu açıklayın.
- **Şema Farkındalığı Puanları ve Ödevler Hakkında Konuşma:** Katılımcılar Sağlıklı Yetişkin ve Mutlu Çocuk üzerinde farkındalık geliştirmeyi başarabildi mi? Uygulama sırasında ya da öncesinde ne tür gözlemler ortaya çıktı?
- **Çocuk ve Yetişkin Olarak Kendinin Bilinçli Farkındalığı Uygulaması:** Bu uygulamanın kavramını açıkladıktan sonra grubun bir süre pratik etmesine izin verin. Deneyimleri tartışın ve bunları tahtaya yazın.
- **Kişisel Etkileşimlerde Şema ve Mod Farkındalığıyla Hokkabazlık:** Grubun bu uygulamayı eşleşip çift olarak yapmasını sağlayın. Bir eğitmen talimatları verirken, diğeri grubu gözetir. Her çiftli grup için önce bir top, daha sonra iki, üç, vs. top ile başlayın. İkili grup içindeki kişilere birbirleriyle konuşmalarına izin olmadığını, fakat bir diğerinin ihtiyacını, o kişinin atılan topa ne şekilde (sözsüz) tepki verdiğine mindful bir şekilde farkında olmaları gerektiğini söyleyin. Egzersizden sonraki tartışmada, şema ve modların diğer kişi ile olan temasına olan etkisine özellikle dikkat verin.
- **Değerlendirme:** Seansın son 10 dakikasını eğitim programının değerlendirilmesi için kullanın. Katılımcıların öğrenilen Mindfulness egzersizlerini gelecekte kendi kendilerine nasıl

yapacaklarını anlamalarına yardımcı olun. Ayrıca, katılımcıları ölçek değerlendirmesinin bir başka günde olacağı hakkında bilgilendirin. Değerlendirmeden iki hafta öncesinde ölçekler gönderilmiş olacaktır. Bunların sonuçlarına değerlendirme seansında değinilecektir. Ek olarak, belirgin bir ihtiyaç olduğu gözlenirse, uygulanabildiği takdirde bireylere ileri tedavi için tavsiye verilecektir. Gruba takip seansları hakkında bilgilendirme yapın. Bu grup seansları aynı üyelerden oluşacaktır.

İzleme Seansları

Katılımcılara iki izleme seansı olacağının bilgisini verin. İlk izleme seansı bir ay içerisinde, ikinci izleme seansı da iki ay sonrasında yer alacaktır. Bir saat dilimi içerisinde olup, takip seansları düzenli buluşmalara göre daha kısadır. İkinci seans, katılımcılarla değerlendirme tartışmalarını içerecektir.

İzleme seanslarının bir önceki buluşmalardan daha kısa oluşunun nedeni odaktaki değişimdir. Yeni beceri ve teknik öğrenimlerine kısa süre ayrılacaktır. Bunun yerine, önceki öğrenilmiş olan becerileri sürdürme (ve gerekli ise, yenileme) üzerine konsantre olacağız. Katılımcılara vurgulanan konudaki bu değişikliğin duyurulması, izleme seanslarına hazırlanmalarına yardımcı olacaktır. Ek olarak, katılımcıların özel konular için kısa zaman olduğunun farkında olmalıdır. İzleme seansları temel olarak şu soruların üzerinde duracaktır: Şema ve mod farkındalığını geliştirmede Mindfulness uygulamalarını kullanırken nasıldınız? Geçtiğimiz ayda uygulamanın hangi kısımları rahat, hangi kısımları zorlayıcı geçti? Gelecekte ne üzerine çalışmayı düşünüyorsunuz? Şema ve modlara otomatik pilotta tepki verme alışkanlığınızı nasıl önleyeceğinizi düşündünüz mü?

İzleme Seansı - 1

Eğitim programı sadece 8 seans ve 2 izleme seansı ile sınırlandırılmıştır. Bunun gibi, bütün katılımcılarımızdan her öğrenilmiş beceri ve tekniği sonsuza dek sürdüreceğini beklemek pek de gerçekçi değildir. Bu nedenle bu izleme seansları Mindfulness becerilerinin pratiği ve sürdürülebilirliği üzerine vurgu yapmaktadır. Deneyimlerimiz gösterdi ki, bilinçli farkındalık, Mindfulness becerileri diğer gündelik sorumlulukların arasında giderek kaybolmaya başlamaktadır. Dolayısıyla izleme dönemi bilinçli farkındalığı korumak, geliştirmek ve günlük yaşamın içine bütünleştirmek için gereken stratejileri yerleştirmekte kullanılır. Katılımcılar evlerine daha sonraki haftalarda doldurmak için anketleri götürürler. Ayrıca ikinci izleme seansında yapılacak olan bireysel değerlendirme oturumlarına davet edilirler.

Katılımcılar Seans 8'de, izleme seanslarının, yeni beceri ve teknik öğreniminden çok, süregiden bir Mindfulness gelişimi üzerine vurgu yapacağı hakkında bilgilendirilir. Gruba özgül konular üzerinde durmak için zamanın sınırlı olduğunu hatırlatın.

Program (1 saat)

- **Şema ve Mod Defteri:** Katılımcılar geçen ay içindeki şema ve mode bilinçli farkındalığı düzeylerini işaret eden puanlarını yazar.
- **Mindfulness Uygulaması:** Günlük Hayata Bilinçli Farkındalığı Getiren Sağlıklı Yetişkin.
- Katılımcılara bir önceki seanstan bu yana Mindfulness deneyimleri hakkında soru sorun.
- **Gruplara Ayırın.** Her grup gelecekte bilinçli farkındalığı geliştirmek ve şema/modları izlemek için somut stratejiler

düşünecektir. Gruplar ayrıca isteğe göre uyarlanmış olan Mindfulness temelli teknikler önerebilir. Her grup kendi stratejisi ve/veya egzersizini kısa bir özetle sunacaktır.

- **Her Katılımcıya Bir Ölçek ve Bir İade Zarfı Verin.** Tamamlanmış ölçekleri üç hafta sonra postalamalarını isteyin.
- Seansı Üç Dakikalık Mindfulness uygulaması ile bitirin.

İzleme Seansı -2

Terapiye devam eden katılımcılar, eğitim programı bittikten sonra da becerilerini sürdürebilme ve geliştirmeye devam ettirme yolu için Mindfulness egzersizlerini bireysel terapi seanslarına dahil edebilir. Bir olanak; her seansı Üç Dakikalık Mindfulness uygulaması ile başlayıp bitirmektir. Grup eğitmenleri iki yıla kadar takviye eğitim seansları düzenlemekte özgürdür.

Bugün son resmî izleme seansıdır. Gelecek için şema ve mod farkındalığı stratejileri üzerine çalışmaya devam edilir. Ayrıca katılımcılar eğitmenlerle değerlendirmeler için bireysel olarak buluşurlar.

Program (1 saat)

- **Şema ve Mod Defteri:** Katılımcılar geçen ay içindeki şema ve modlarının bilinçli farkındalığı düzeylerini işaret eden puanlarını yazar.
- **Grup Mindfulness Uygulaması:** Bu egzersizlerden birini seçin:
  a– *İncinebilirliğimizi Gözleyen, Buna Nezaketle Yaklaşan ve Gelecek için Umudu olan Sağlıklı Yetişkin*, ya da
  b– *Mindful bir Geleceği Planlama*. Seçilmemiş olan uygulama evde dinlenebilir ve pratik edilebilir.

- Katılımcılara bir önceki seanstan bu yana Mindfulness deneyimleri hakkında soru sorun.
- Katılımcıları Gruplara Bölün. Gruplar şema farkındalığı gelişimleri hakkında tartışacaklardır ve gelecekteki bilinçli farkındalıklarını geliştirme hakkında stratejiler üzerine çalışacaklardır. Sonrasında her grup kısa bir sunum yapacaktır.
- Seansı sonlandırın.

7 Tuzak ve Güçlükler

Eğitmenler de, katılımcılar da, olası güçlük ve tuzaklara dikkat etmeliler. Her eğitim seansı, ödev defteri üzerinden şema farkındalığı puanlarını göstermelerinden sonra eylem odaklı zihinden, dikkat odaklı zihinsel duruma geçişi sağlayabilecek bir Mindfulness uygulaması ile başlar. Bu açılış uygulaması bazen geç kalanların kapıyı çalması ile bölünebilir. Böyle bir durum gerçekleştiğinde, eğitmenler eylem moduna geri dönüldüğünü fark etmelidir. Eğitmenler arasında alışılagelmiş bir ani tepki, gidip kapıyı açmak ve bununla grubun Mindfulness egzersizini bozmaktır. Mevcut olan herkes için oturur durumda kalmak ve uygulamayı tamamlamak –geç kalanlar kapıyı tıklatmaya devam etse bile– daha iyi olacaktır. Mindfulness uygulaması sırasında ortaya çıkan bu durumu eğitmen, tıpkı uygulama sırasında düşüncelerin yaptığı gibi bir dikkat çeldirici olarak tanımlamalıdır, eylem odaklılığa doğru itecek bir çeldirici. Eğer yönlendirmesine izin verilirse, bu dikkat dağıtıcı olay eğitmenin Kendini Feda Etme şemasını tetikleyerek geç gelenleri içeri davet etmesi gerektiğini düşünmesine ve "Dışarıda bekleseydi nezaketsiz bir davranış olurdu" düşüncesine sahip olmasına neden olabilir. Bunun dışında Yüksek Standartlar/ Aşırı Eleştirellik Şeması etkinleşebilir, "geç kalanlar grubun uyumunu bozuyor" ve "zamanında gelmek için daha çok çaba harcanmalı" gibi yargılayıcı düşüncelerin oluşmasına neden olabilir. Mindfulness uygulaması bittiği zaman, geç kalan kişi içeri alınabilir, sonrasında yargısız bir tutum ile bu durum konuşulabilir. Durumu mindful şekilde ele almanın iki yönlü bir etkisi vardır; sadece grubun zamanında başlama ve bitirme kuralını tekrar doğrulamakla kalmaz, aynı zamanda eğitmenin zihni yapma–moduna geri dönmeye tahrik eden durumlarla nasıl başa çıkılacağını göstermesini sağlar.

Aynı durum seansların sonları için de geçerlidir. Katılımcılar genellikle çıkıştan birkaç dakika önce hazırlanmaya başlama eğiliminde olur, böylece seans biter bitmez ayrılmaya hazır olurlar. Eğitmen bu eylem odaklı durumu tanımlayabilir ve seansı bir Mind-fulness egzersiziyle bitirmeyi önerebilir. Katılımcılar daha sonra günlerinin geri kalanında otomatik pilota girmeden, dikkat odaklı bir şekilde devam etmeyi seçebilirler.

Grup gelecek haftanın ödevini tartışırken, Bernadette çoktan çantasını hazırlıyordu. Bu durum fark edilebilir bir gürültü ortaya çıkarıyordu. Eğitmen bir anlığına olanları ele almak için durur. Bernadette'e neyin onun toparlanmaya başlamasına neden olduğunu sorar. Bernadette de çocuklarını okuldan alabilmesi için, zaman kaybetmeden ayrılması gerektiğini açıklar. Daha fazla sorgulama üzerine, son yarım saat içerisinde Bernadette'in zihninin öğleden sonra yapması gerekenlerle meşgul olduğu ortaya çıkar. Çocuklarını okuldan almasının yanısıra, market alışverişini yapması, çocuklarından birini futbol antrenmanına bırakması ve yemek pişirmesi gerekmektedir. Liste uzar, uzar. Biraz daha süren sorgulamadan sonra, ortaya çıkar ki Yüksek Standartlar/ Aşırı Eleştirellik ve Kendini Feda şemaları onun hem uygulamalar sırasındaki hem de evdeki davranışlarını etkilemektedir. Bernadette nadiren eşinden yardım ister, bu da ev sorumluluklarının büyük bir çoğunluğunu tek başına taşıdığı anlamına gelir.

Eğitmen Bernadette'in son yarım saattir düşüncelerinin dağıldığının farkında olup olmadığını sorar. Ne bunun farkındadır Bernadette, ne de yapma modunda olduğunun. Şimdi farkına varır ki, oldukça yüklü bu yapılacaklar listesi ile ilgili endişelenerek grup eğitimini yapma modunda geçirmiştir.

Katılımcılar bazen şema farkındalığı puanlarını içeren defterlerini getirmeyi unuturlar. Bu kişilere yeni bir kağıt almalarını; şemalarını ve modlarına yönelik Mindfulness puanlarıyla birlikte yeniden yazmalarını isteyin. Bir kağıt unutulduysa bir davranış analizi yapmak uygun olabilir. Bunu yargısız ve duyarlı bir pozisyonda gerçekleştirin. Bu kişinin nasıl unutmuş olabileceğini düşünmek için ve bunları kişinin şema ve modlarıyla ilişkilendirilebileceğini anlayabilmek için biraz zaman ayırın. Bu unutmanın Yetersiz Özdenetim/Özdisiplin şemasıyla bir ilişkisi olabilir mi? Katılımcının sürekli diğerlerini düşünmekle meşgul olmaktan kendine zaman ayırmakta yetersiz kalması mı, onun defteri unutmasına neden oluyor (Kendini Feda şeması)?

Evelyn şema farkındalığını içeren not defterini eğitime getirmeyi unutur. Eğitmenler Evelyn'in malzemesini unutmasının bir ilk olmadığını fark ederler. Evelyn, seansa vaktinde gelebilmek için her zaman acele içerisinde olduğundan söz eder. Aslında, o her randevusu için bir acele içerisindedir. Yetersiz Özdenetim şeması genellikle onun dürtüsel bir şekilde davranmasına neden olur. Daha sonrasında tekrar sorulduğunda, Evelyn'in yalnız kalmayı sevmediği ve bu nedenle de hep telaşlı bir durumda olduğu ortaya çıkar. Bu örüntü üzerine sakince düşünme olanağı yaratıldığında Evelyn, yalnız hissetmekten kaçmak için sürekli kendini meşgul ettiğini fark eder. Aslında ne kadar yorgun ve telaşlı hissettiğinin farkına varır ve şu andaki yaşam stilinin onu, kendine bakım vermekten alıkoyduğunu fark eder.

Katılımcılar bazen egzersizlerde gözlerini kapama konusunda aşırı kaygılı olabilirler. Örneğin, Kuşkuculuk/Kötüye Kullanılma şeması, kişileri kırılgan bir durumdayken diğerleri tarafından kötüye kullanılma konusunda endişe duymaya itebilir. Bu katılımcılar eğitmenlerden birinin de bu kırılgan durumda gözleri kapalı bir şekilde kendisinin yanında olduğunu bildiklerinde daha güvende hissedebilirler. Eğitmenler –grubun uygulama yaparken kendilerini rahat hissetmesi için– katılımcıların uygulama yaparken kendi yöntemlerini geliştirme konusunda özgür olduklarını belirtmeliler. Eğer gereksinimleri olan şey o ise, gözlerini açık tutmalarının sorun olmadığını bilmelerini sağlayın. Eğer öyleyse, bu katılımcılara görüş alanlarında belirli bir noktaya odaklanmalarını tavsiye edin.

Bazı katılımcılar için, grup içerisinde gerçekleştirilen uygulamalar acı verici görüntüleri ve hatıraları canlandırabilir. Güvenli ve öngörülebilir olmayan ortamlarda büyüyen üyeler, hedefi önceden belirtilmeyen egzersizlere katılmaları istendiğinde kendilerini tehdit edilmiş hissedebilir. Kuşkuculuk/Kötüye Kullanılma şemaları etkinleşmiş olabilir. Öyle ki, bazen kendilerini Sağlıklı Yetişkin ve/veya Mutlu Çocuk şemalarına odaklayamazlar. Bu yapamama durumu onları üzebilir. İçlerinde neler olup bittiğini anlamak için onlara zaman ayırın. Bunları açık, empatik ve meraklı bir şekilde irdeleyin. Ne gibi düşünceler, duygular ve davranışlar deneyimliyorlar? Vücutlarında neler hissediyorlar? Onları, egzersizlerine gözleri açık bir şekilde devam etmeye davet edin. Katılımcılardan biri, egzersizin kendinin kaldırabileceğinden çok fazla yüklü olduğunu ve durması gerektiğini söylediğinde, ona anlayış gösterin. Acı verici bir şeyi gözlemlemenin veya kişinin içindeki Sağlıklı Yetişkin ve Mutlu Çocuk'a ulaşamamasının her birinin açık, meraklı bir perspektifle harekete geçmeye yönelmeden gözlemlemeye devam etmeleri için bir olanak olduğunu açıklayın. Diğer bir ifadeyle, şu an Mindfulness zamanı olabilir. Eyleme dökme, daha sonraki bir süre için bekleyebilir.

Mindfulness egzersizlerindeki diğer bir tehlike de uyuyakalma riskidir. Herhangi bir katılımcıyı uykuya dalmakla yargılamayın ancak onun uykulu olmasına neden olan şeyi keşfetmeye çalışın. Bu kişi uykusuzluktan yorgun mu düştü, yoksa uyuyakalmak özfarkındalıktan kaçınma stratejisi mi? Bu uygulama sırasında uyanık kalmanın önemli olduğunu açıklayın. Uyku; düşünceleri, duyguları ve fiziksel deneyimi izlemeyi olanaksız kılıyor. Uyanık kalmak için, katılımcının gözlerini açıp arada bir küçük hareketler yapmasını önerin. Daha sonra, dikkati tekrar nefese ve süregelen alıştırmaya odaklayın.

Max, Mindfulness egzersizleri sırasında düzenli bir şekilde uyuyakalıyor. Eğitmenler daha önce bunu nasıl engelleyeceği konusunda ona tavsiyeler verir. Sorularla anlaşılır ki, Max'in başlangıçta önerileri denemiştir, ancak daha sonra düşüncelerine yönelik dikkati dağılmıştır. O noktada, dikkatini kontrol edememiş; düşüncelerinin, duygularının ve beden duyularının farkında olmamaya sürüklenmiştir. Eğitmenler dikkat dağıtan düşüncelerinin ne türden düşünceler olduğunu sorguladığında, Max "güneş altındaki her şey" ile ilgili hayal ve fanteziler kurduğunu ancak tam olarak ne olduğunu hatırlamadığını söylüyor. Davranışlarında bu örüntüye dikkat ettiğinde, hayal kurmanın ve sonrasında uykuya dalmanın onun günlük yaşamın ve hislerinin gerçekliğinden kaçmasını sağladığını fark ediyor. Böylece, hayal kurmak kendini rahatlatma yöntemi haline geliyor. Bu, onun işbaşındaki Kopuk Kendini Avutan modudur

Ev ödevleri de güçlüklerle birlikte gelebilir. Birkaç denemeden sonra, katılımcılar tamamen ödev yapmayı durdurabilirler. Bu durum oluştuğunda, gelişimine bakın. Hangi şema ve modların rolü olabileceğini araştırın. Bazı katılımcılar eğitimin onların beklediği sonuçları sağlamadığını hissedebilir ve sonrasında devam eden çabalarından vazgeçebilirler (Yüksek Standartlar/Aşırı Eleştirellik şeması ve Başarısızlık şeması).

Günlük Mindfulness uygulaması basit görünse bile, birçok katılımcı bu konuda zorlanıyor. Sadece bir tane sıradan etkinlik seçmek önemli. Dişleri fırçalamak, çay içmek veya öğle yemeği yemek gibi. Katılımcılar bunu genellikle günün belirli bir zamanında yalnızken yapmayı tercih etmelidir.

Bazen günlük Mindfulness uygulaması, etkinlik çok zorladığı için uygulanmaz. Yetersiz Özdenetim şemasına sahip bir katılımcı her gün bulaşıkları yıkayacağını söyleyebilir ama eğer bulaşık yıkamak günlük sıradanlığın bir parçası değilse, şimdi buna başlama olasılığı düşüktür. Diğer bir deyişle, uygulamayı gerçekleştirememe öngörülebilir bir sonuçtur. Her ne kadar bu başarısızlık deneyimini bilinçli farkındalığın odak noktası olarak ele alabilecek olsak da, dikkat odaklı davranışa başlangıçta alışık olmayan birinden çok fazla beklentiye girmek basitçe gerçekçi olmayan bir beklentidir.

Ayrıca katılımcılar hemen bir seanstan sonra uygulama ses kayıtlarını dinlemeyi bırakabilirler, özellikle konuşmacının ses tonundan ve özelliğinden rahatsız oldularsa. Bu katılımcıları, yapma–moduna geçmeden açık ve keşfedici bir noktadan ses dosyalarını dinlemeye, kendi deneyimlerine dikkat etmeye davet edin. Sorun sürerse, alternatif çözümlere bakmaya başlayın. Gözönünde bulundurulabilecek bir seçenek, metni katılımcıların sevdikleri birine ya da kendilerine kaydettirmek olabilir.

Grup üyeleri alıştırmaları yapamadıklarında; eğitmenler şemaların, şema modlarının veya şema başa çıkmalarının rolü olup olmadığını incelemelidirler. Ancak grup; şema kaçınmasının, şema aşırı telafisinin veya şema tesliminin her seferinde uyumsuz başa çıkma stratejileri olmayabileceğinin farkında olmalıdır. Önemli olan durumlarla, duygularla ve düşüncelerle başa çıkmak için olası stratejiler arasından dikkatli bir seçim yapmaktır.

Aynı prensip beden tarama veya diğer nefes odaklı egzersizleri yapmaya devam etmeyen katılımcılar için de geçerlidir. Grubun bazı katılımcıları, aldıkları nefesin farkında olmanın kaygı oluşturduğunu fark edebilirler. İnsanlar, genellikle karından nefes almaları gerektiğine inanırlar. Katılımcıların nefes egzersizlerinden kaçma dürtüsünün genellikle rahatsız edici olan herhangi bir şeyden kaçma eğilimini yansıttığını anlamalarına yardımcı olun.

Umutsuzluğa kapılmış katılımcılar eğitim boyunca kendilerini umutsuz hissetmeye devam ettiklerinde, örneğin tüm bu egzersizlerin amacı hakkında sorgulamalara devam ettiklerinde; eğitmenler de çaresizlik, yetersizlik ve başarısızlık hissedip kendilerini suçlama ile daha fazla çaba harcayabilirler. Bu deneyimlerin altında genellikle yeterlilik ve kontrol ihtiyacı (Yüksek Standartlar/Aşırı Eleştirellik şeması) yatar. Gerçek şu ki, katılımcılar bu egzersizlerin arkasındaki mantığı anlama konusunda yavaştırlar. Bu uygulamaların, örneğin, hüzün ve öfke gibi duygularla nasıl daha iyi başa çıkacaklarını; kendilerini kesme dürtüsünü ya da ölümle ilgili düşüncelerini nasıl durduracaklarını sormaya devam ederler.

Bu gibi sorular ortaya çıktığında, eğitmenlerin bilinçli farkındalık içinde özellikle kalmaları; örneğin nefesi sabit bir çapa olarak tutmaları, önemlidir. Bu, deneyimli eğitmenin olası yanıtlarını gözden geçirebilmesi için alan sağlar. Çoğu zaman, bu katılımcıların umutsuzluk duygularını empatik ve dikkatli bir şekilde araştırmak yeterli olacaktır; deneyimledikleri şeyin düşünce, duygu ve davranış açısından ne olduğunu ve bedenlerinin neresinde en güçlü şekilde hissettiklerini yazmak için bir not defteri kullanın. Gözlemleri hakkında tartışmaya girmeyin veya onların düşünce ve duygularını zorlamayın. Basit bir şekilde, kendileri hakkında fark ettiklerinin ne olduğunu keşfedin. Bir katılımcı endişelerini veya umutsuz düşüncelerini dile getirdiğinde yenilenmiş bir dikkatle, sanki ilk kezmiş gibi yanıt vermeye çabalayın. İncinmiş Çocuk, Talepkâr Ebeveyn veya Cezalandırıcı Ebeveyn modlarının etkinliğini inceleyin. Bir eğitmen empatik ve yargısız kalmayı başardığında, sınırlı yeniden ebeveynliği sağlaması için olanak bulur ve katılımcıların şema ve modlarına yapma modu içinde katılmalarına mâni olur.

Grup atmosferi, katılımcıların deneyimlerini paylaşırken destekleyici veya yatıştırıcı roller oynamasını sağlar. İlgili bir başka risk ve tuzak da, grup üyelerinin aşırı ebeveynleşmiş olması ve diğer katılımcılara belirli şema ve modların etkinleşmesinden ötürü yardım etmeleridir. Katılımcılardaki bu gibi tepkileri kontrol etmek ve onlara yapma moduna yenilmemenin değerini anlatmak eğitmenin görevidir. Grup üyelerinin birbirlerini dikkatle dinlemesi, yapma–modunun yönlendirmesinde kalmadan yanıt vermesi diğerlerine yeterli oranda destek sağlar. Bu katılımcılar için diğerlerinde gözlenen cansıkıcı duygularla başa çıkmayı öğrenmek önemlidir. Bunu, kendi deneyimlerine odaklanarak yaparlar. Bir üye can sıkıcı düşünceler ve duygular deneyimliyor gibi göründüğünde grup her türlü ipucu ve önerilerle yanıt veriyorsa, eğitmen bu tür yanıtların ne gibi etkiler yarattığına yönelik dikkat–odaklı bilinçli farkındalık içerisinde yürütülen bir görüşme/danışma başlatabilir. Genellikle, sorunu deneyimleyen birey –herkesin iyi niyetle davranıyor olmasına karşın– önerilerin çok az derecede işe yaradığını söyleyecektir. Bu kişi bunların tümünü ya daha önce duymuş, denemiş ancak sonuç alamamıştır ya da değinilen önerilerin nasıl yardımcı olacağını göremiyordur. Bu, gruba dikkat odaklı olmanın ve yapma/çözüm odaklı olmanın farklarını göstermek için bir gerçeğe uygunluk testi olarak kullanılabilir.

Eğitmenler için eğitim saatleri dışında katılımcıların telefonla araması olağandışı bir durum değildir. Bazı durumlarda –aşağıda açıklandığı gibi– kişi kriz anında olabilir.

Andrea'nın ana şemaları İçiçelik/Gelişmemiş Benlik, Kendini Feda, Statü Arayıcılık ve Dayanıksızlık şemalarıdır. Depresyon ve anksiyete semptomları için ilaç tedavisindedir. Çoğunlukla, yaklaşan paniğin ilk sinyallerinde eğitmenini arar. Tipik öyküsü, ilaçlarının işe yaramadığı ve Mindfulness egzersizlerinin de hiçbir etkisi olmadığı şeklindedir (İncinmiş Çocuk moduna dönüş).

Andrea'nın kriz aramalarından birinde, eğitmen ona şu simgesel benzeşimi anlatır:

"Senin yaşadıkların bana hiç buz pateni kaymaya cesaret edemeyen birini anımsatıyor. Güneşli bir günde, bu kadın korkularıyla yüzleşmeye karar verir ve evinin yakınındaki bir gölette buz pateni kaymaya gider. İlk on beş dakika biraz inişli çıkışlı geçer, fakat devam ettikçe buz pateni daha kolay gelmeye başlar. Aslında o kadar kolaydır ki, nereye doğru kaydığına dikkat etmeyi bırakır ve buzdaki bir deliğe düşer. Tamamen suya batmış bir şekilde, paniğe kapılır ve hemen yukarıdaki açık noktaya doğru yüzmeye başlar. Yukarıya ulaşmayı beklerken, kafasını tekrar buza vurur. Umutsuzca, yüzmeye çalışır fakat nereye giderse gitsin sadece buz vardır. Ancak ne zaman, savaşmanın hiçbir anlamı olmadığına ve vazgeçebileceğine karar verdiğinde bir içgörüye sahip olur: Buzun altına sıkışıp kaldığınızda, karanlık bir noktaya bakın, çünkü orası boşluğu bulabileceğiniz yerdir. Ne kadar sezgilerine aykırı hissettirse de kadın karanlığa doğru yüzmeye karar verir. Ve umduğu gibi, orada bir boşluk vardır..."

Andrea bir anlık sessiz kalır ve sonra güler. "Bence sen benim panik duygularıma dikkat etmem ve onlara teslim olmam gerektiğini anlatmaya çalışıyorsun. Yani, aslında en çok korktuğum şeyin en dikkatli olmam gereken şey olduğunu."

Eğitmenler veya diğer meslekdaşlarının eğitim dışında da telefon görüşmeleri için erişilebilir olabilmeleri önemlidir. İncinmiş Çocuk modunda olan katılımcılar tarafından hissedilen duygular aşırı yoğun olabilir. Diğer bir senaryo Cezalandırıcı Ebeveyn modunda kendilerine sinirli olma olasılığı bulunan ve kendilerine zarar vermeye başvurabilecek katılımcıları içerir. Sözünü etmeye değer diğer bir konu, Kopuk Korungan modudur. Bu moddaki katılımcılar kendilerinden koparak kendilerine karşı çok duyarsız bir duruma gelebilirler. Bu, kendine zarar veren veya diğer yıkıcı davranışları getirebilecek diğer bir moddur. Katılımcıların bu anların farkına varmayı öğrenmelerini ve bu anlarda uygun olan yakınlarını yardım için aramalarını sağlayın. Eğitmenler bir kriz aramasını aldıklarında, bilinçli farkındalık içinde kalmayı ve yapma–modundaki tepkilerden kaçınmayı becereceklerdir. Andrea'nın durumunda, açık bir şekilde yapma modu gerekli değildi. Katılımcılar; duyulduklarını, eğitmenin bütün dikkatinin onlarda olduğunu hissetmeye ihtiyaç duyar. Çoğu zaman, insanların bir kez daha ileriye dönük bir yol görmesi için gereken budur.

8 Sonuç

Mindfulness ve Şema Terapi Eğitimi, şema ve modların işlevlerine yönelik farkındalık getirmeye, otomatik yanıtlarımızı biçimlendiren süreçleri anlamamıza yardım eden ayrıntılı bir programdır. Otomatik pilot, şemalarımızın tetiklenip, bizim belirli bir mod'a girmemizle birlikte devreye girer.

Kişilik sorunları olan bazı insanlar sadece bu eğitimden gereksindikleri her şeyi alacaklardır; ya bu eğitimde öğrendikleri şekliyle ya da kendi yollarını bularak, bilinçli farkındalığın ilkelerini içselleştirecek alıştırmalara yaşamlarında bir yer vereceklerdir.

Diğerleri terapi sürecine yeni başlamış olabilir. Otomatik pilotun farkına varmaya yeni başlayıp, gelişimlerini ilerleyen tedaviler veya süregelen terapilerle devam ettireceklerdir. Bu bireyler, eğitimde yer alan malzemenin düzenli tazeleyicilerinden yararlanacaklardır. Her seansı kısa bir Mindfulness uygulaması ile başlatıp, yine kısa bir Mindfulness uygulaması ile bitirmek, terapide kullanışlı bir yaklaşımdır. Terapistler ve danışanlar; farkındalığın ve açık, meraklı bir tutumun ölçü/kural olduğu bir terapötik işbirliğinin sürekli olarak pekiştirilmesinden yararlanacaklardır. Mindfulness odaklı yaklaşım, sınırlı ebeveynlik ilkesiyle oldukça uyumludur; öyle ki Şema Terapi literatüründe güçlü bir terapötik ortam olarak tanımlanmaktadır. Buna karşın, Mindfulness gündelik yaşamda uygulamak için en zorlu becerilerden biri olarak kalır. Otomatik pilottan uzak, odaklanmış farkındalık için bu basit teknik; bazıları tarafından profesyonel bir spora eşdeğer olarak tanımlanmıştır. Hem danışan tarafından, hem de terapist tarafından sürekli olarak uygulama gerektirir.

EK II-A

Test Sonuçları Örneği

Değerlendirme Testi Sonuçlarının Özeti

Mindfulness ve Şema Terapi

Ad: ....

Doğum Tarihi: ....

Değerlendirme Tarihi: ....

Değerlendiren: ....

Test malzemesi:

- ❑ Kısa Semptom Envanteri (KSE)
- ❑ Şema Ölçeği
- ❑ Mod Ölçeği
- ❑ (Seçmeli: İlave Kişilik Ölçeği)

Test sonuçları:

Katılımcının KSE'den aldığı puanı: ....

Katılımcının ana şikâyeti: ....

(En yüksek puanlı üç KSE alt ölçeği)

1– ....

2– ....

3– ....

Katılımcı şema ölçeğinde *düşük / ortalamanın altında / ortalama / yüksek* sonuç aldı.

Katılımcının en yüksek puanlı üç şeması:

(Katılımcıların en yüksek üç şemasının tanımları + "Mindfulness ve Şema Terapi" dosyasındaki şema bilgileri temel alınarak yapılan açıklamalar)

1– ....

2– ....

3– ....

Katılımcı mod ölçeğinde *düşük / ortalamanın altında / ortalama/* yüksek sonuç aldı.

Katılımcının en yüksek puanlı üç modu:

(Katılımcıların en yüksek üç modunun tanımları + "Mindfulness ve Şema Terapi" dosyasındaki mod bilgileri temel alınarak yapılan açıklamalar)

1– ....

2– ....

3– ....

Kişilik bakımından katılımcı şöyle biri:

(Eğer dahil edildiyse, seçmeli kişilik ölçeğinin sonuçları)

Terapistin imzası: ....

EK II-B Mindfulness ve Şema Terapi Broşürü

Bill, birçok işte çalıştı. Çok çalışan ve mükemmeliyetçi biri olarak biliniyor. Sık sık fazla mesai yapar (Yüksek Standartlar / Aşırı Eleştirellik şeması). Bill, buna rağmen işyerinde sık sık çatışmalar yaşamaktadır. Üstlerinin onu yeterince takdir etmediğine ve baskı altındayken onu yeterince desteklemediklerine inanmaktadır (Duygusal Yoksunluk şeması). Aynı zamanda iş arkadaşlarına karşı da eleştireldir ve onların daha etkili çalışmaları gerektiğini düşünmektedir. Bill işyerinde genellikle kendini yalnız hisseder. Bazı zamanlarda anlaşılmadığını, yeterince takdir görmediğini ve desteklenmediğini de hisseder (İncinmiş Çocuk modu). Bu moddayken, daha fazla çalışmaya ve diğerleriyle ilişkilerinde daha asabi olmaya eğilimlidir.

Şemalar; kendiniz, başka insanlar ve dünya hakkında olan derinlere oturmuş, uzun süredir var olan, köklü düşünce biçimleridir. Bu kökleşmiş ve güvenilmiş bakış açıları ne algıladığınızı, nasıl hissettiğinizi ve nasıl davrandığınızı etkiler. Örneğin, Yüksek Standartlar / Aşırı Eleştirellik şeması olan insanların her zaman daha iyi yapmaları gerektiğine, diğerlerinin de onların yüksek standartlarına ve değerlerine uygun yaşamaları gerektiğine ilişkin sabit bir algıları vardır. Bu tür insanlar kendileriyle veya diğerleriyle ilgili nadiren tatmin olurlar, bu da daha fazla rahatsızlığa yol açar.

Bir veya birden fazla şema tetiklendiğinde, belirli modlar veya ruh halleri ortaya çıkabilir. Her modun belirli davranışlar ve yoğun duygularla ortaya çıkan özellikleri vardır. Örneğin, Yüksek Standartlar / Aşırı Eleştirellik ve Duygusal Yoksunluk şemaları etkinleştiğinde, İncinmiş Çocuk moduna geçebilirsiniz. Bu, biri (o kişi sizin durumunuzda olduğunda siz onun yanında olacak olsanız bile) sizi bütün çabalarınıza rağmen yüzüstü bıraktığında gerçekleşebilir. Yalnız, anlaşılmamış ve desteklenmemiş hissedersiniz.

Şema terapide 19 şema ve 20 mod vardır (bu bölümün ileri sayfalarında tanımlanmıştır). Herkesin şema ve modlara sahip olduğu varsayılmaktadır, ancak şemalar insanlarda farklı derecelerde görülür. Dahası, bazı insanlar kendi modlarıyla başa çıkmakta oldukça zorlanır.

Alisha diğer insanlara kolay kolay güvenmiyor. Beklemeyi ve rüzgarın ne yöne estiğini görmeyi tercih ediyor. Bir güven geliştirse bile, güveninin eninde sonunda kırılacağına inanıyor (Güvensizlik / Kötüye Kullanılma şeması). Alisha bilinçsiz bir şekilde Güvensizlik / Kötüye Kullanılma şemasının onayladığı ortamlar arıyor. Aynı zamanda insanları sınama eğilimi var ve eninde sonunda kullanıldığına ilişkin kendini ikna edecek bir kanıt buluyor. Mindfulness eğitimi boyunca Alisha, Güvensizlik / Kötüye Kullanılma şemasına bağlı olduğunu fark ettiği "sınama davranışı" konusunda daha bilinçli duruma geliyor. Herkesin bazen bir şeyleri yüzüne gözüne bulaştırabildiğini ve insanların bu davranışları sadece onu üzmek için yapmadıklarını fark ediyor. Alisha, insanları iyi ya da kötü olarak sınıflandırma eğiliminde olduğunu ve bunun hem kendisine hem de başkalarına zararlı olduğunu fark ediyor.

Mindfulness ve Şema Terapi

Bilgileri organize etme yollarımızdan biri onları doğru veya yanlış olarak ikiye ayırmaktır. Bu, yadsınamaz bir avantajları olan bir stratejidir. Ancak şemalar ve modlar biz farkında olmadan bu süreci ustaca ve otomatik bir şekilde etkiler. Bize zorluklar çıkarabilen şey bu bilinçsizliktir; algılamaya alışık olduğumuzdan fazlasını algılayamamamız. Birçok sorun, sanki tünel görüşünden acı çekiyormuşuz gibi, biz durumlara otomatik pilotta tepki verdiğimiz için ortaya çıkar veya varlığını sürdürür. Bu eğitim programı otomatik pilotunuzun, şema ve modlarınızın etkisinin farkına varmanızda size yardımcı olmak için tasarlanmıştır. Otomatik pilotunuzdan bağlantınızı nasıl keseceğinizi öğreneceksiniz. Tutumunuzu, durumu, düşüncelerinizi, duygu ve davranışlarınızı açık ve meraklı bir zihinle gözlemlemeyi öğreneceksiniz. Düşüncelerin, duyguların ve davranışların eşit bir kolaylıkla gelip gittiğini öğreneceksiniz. Mindfulness, ne olduğunun farkında olmak ve olanın olduğu gibi olmasına izin vermek demektir.

Bu eğitim programı, grupla birlikte Mindfulness egzersizlerini yapacağınız her biri haftada bir kez, 1,5 saat olan 8 oturumdan oluşur. Ödev olarak bu egzersizleri haftada 4 kez yapmanız istenecek. Aynı zamanda günlük olarak da daha kısa uygulamalar yapacaksınız. Deneyimlerinizi diğer grup üyeleriyle tartışacaksınız. Bu egzersizler üzerinde düşünmek, şema ve modlarınızın nasıl çalıştığını anlamanızda yardımcı olacaktır. Hep birlikte, olanı yargılamadan ya da tepki vermeden deneyimlemeyi öğreneceksiniz. Otomatik pilottayken yapma moduna girmenin nasıl önleneceğini öğrenmek, bilinçli farkındalık geliştirmede ilk adımdır.

Mindfulness eğitiminin ikinci seansında, Jennifer gözle görülebilir sonuçlar alamamaktan hayal kırıklığı yaşadığını ifade eder. Daha az duygusal hissetmeyi, daha az kafaya takmayı ve bedeniyle daha fazla iletişimde olmayı ummuştur. Egzersizleri her gün yapmış olsa da Jennifer daha duygusal ve bedeniyle daha az iletişim içinde olmuştur. Diğer bir katılımcı da egzersizleri sıkıcı bulduğunu, bunların onun için havada şeyler olduğunu söyler. Öteki katılımcılar egzersizlerden keyif aldıklarını söylerler.

Terapist, grubu bilinçli farkındalık içinde ve sorgulamadan egzersizlerdeki tepkilerine dikkat vermeye davet eder. Beklentilerini kendileri için mi yoksa egzersizler için mi? Ne düşünüyorlar? Ne tür duygular hissediyorlar? Ne tür bedensel duyumlar ortaya çıkıyor? Katılımcılar daha sonra hemen yapma-moduna geçmenin ne kadar kolay olduğunu, bir şeyler yapmak istemeden neler olduğunu sadece izlemenin ne kadar zor olduğunu tartışır.

Tehlike Olabilecek Noktalar

Şemalar ve modlar genellikle insanları hemen harekete geçmeye iter. Sanki anında bir şey yapılması gerekiyormuş gibi. Mindfulness eğitimi harekete geçme dürtüsünü bırakmanızı ve basit bir şekilde farkında olmanızı sağlayacaktır. Otomatik pilotun dışına çıkmak için zaman tanımak, şema ve modlarınızı gözlemleme ve daha farkında olma olasılığınızı artıracak. O perspektifi bir kez kazandığınızda, sizin durumunuzda hangi hareketlerin daha uygun olduğunu farkındalık içinde gözden geçirebilirsiniz. Daha sonra, nasıl davranmayı seçtiğiniz otomatik bir tepkiden çok, bilinçli bir seçim olacak.

Bu eğitim, hoş olmayan duyguları alışageldiği üzere bastıran kişiler için zor olabilir. Mindfulness egzersizleri hislerinize yakından dikkat etmeyi gerektirir, bundan ötürü ciddi rahatsızlıklar duyabilirsiniz. Ancak deneyimlere göre, kaçınmak yerine yüzleştiğimiz zaman duygular en etkili şekilde ele alınır. Böyle yapmanız kendinize daha iyi bakmanızı sağlar. Diğer yandan, duygularınızdan kaçınmak veya onları görmezden gelmek semptomlarınızı ciddi şekilde kötüleştirebilir.

Diğer bir tuzak da katılımcıların eğitimden hemen hızlıca bir sonuç beklemeleri halinde görülür. İnsanlar endişelerinden, üzüntülerinden, kaygılarından ve acılarından daha az ıstırap çekmek ister. Kişilik Sorunları için Mindfulness Programı bu isteklerini (doğrudan) karşılamadığında kendilerini yıkıma uğramış hissedebilirler, ve bu yıkımı kabul etmeleri zor olabilir. Katılımcılar, bu eğitimin onların sorunlarını silip süpürmeyeceğini kabul etmelidir. Eğitimin hedefi daha farkındalıklı bir yaşam stili geliştirme; ihtiyaçlarınızın, duygularınızın, düşüncelerinizin, bedensel deneyimlerinizin ve şema ve modlarınızın etkilerinin daha farkında olabilmenizdir. Hedefimiz başlı başına bir değişim değil, farkındalığın arttırılmasıdır.

19 Şema ve 20 Modun Tanımı*

19 Şema

Duygusal Yoksunluk

Birey, birincil duygusal gereksinimlerinin (destek, bakım, empati ve koruma) başkaları tarafından yeterince karşılanmayacağını ya da hiç karşılanmayacağını beklentisi içindedir. Kişi kendini yalnız ve soyutlanmış hissetmektedir.

Terk edilme / İstikrarsızlık

Birey, önemli ötekilerin onu eninde sonunda terk edeceğini düşünmektedir. Diğer kişiler desteklerinde ve kendileriyle kurdukları ilişkilerinde, güvenilmez ve önceden tahmin edilemezdir. Kendini terk edilmiş hissettiğinde, kaygı, yas ve öfke duyguları arasında geçişler yaşar.

Güvensizlik ve/veya Kötüye Kullanılma

Birey, başkalarının onu bir şekilde kasıtlı olarak istismar edeceğine, aldatacağına ya da aşağılayacağına emindir. Bu duygular fazlasıyla değişkenlik göstermektedir ve kişi sürekli eşiktedir.

Sosyal İzolasyon / Yabancılaşma

Birey, kendini dünyadan soyutlanmış hissetmektedir ve hiçbir topluluğun bir parçası olmadığına inanmaktadır.

Kusurluluk / Utanç

Birey, kendinin içsel olarak kusurlu ve kötü olduğuna inanmaktadır. Eğer başkaları onunla yakınlaşırsa bunu fark edecek ve ilişkiden uzaklaşacaktır. Değersiz olma duygusu çoğunlukla güçlü bir utanç duygusuna neden olmaktadır.

---

* Buradaki şema ve mod tanımları *'Wiley-Blackwell Handbook of Schema Therapy - Theory, Practice, and Research'* kitabından alınmıştır (van Vreeswijk, Broersen ve Nadort, 2012).

Sosyal İstenilmeme

Birey, kendinin sosyal olarak beceriksiz olduğunu ve fiziksel olarak çekici olmadığını düşünmektedir. Kişi kendini sıkıcı, istenilmez ve çirkin olarak görmektedir.

Başarısızlık

Birey, akranları kadar iyi performans sergilemekte yetersiz olduğuna inanmaktadır. Kişi kendini aptal ve yeteneksiz hissetmektedir.

Bağımlılık/ Yetersizlik

Birey, kendini aşırı derecede çaresiz hissetmekte ve kendisinin bağımsız hareket etme kapasitesi olmadığını düşünmektedir. Kişi, gündelik işler sırasında kararlar alamaz ve sıklıkla gergin ve kaygılıdır.

Hastalıklara ve Zarar Görmeye Karşı Dayanıksızlık

Birey, kendisinin ve yakınlarının başına çok yakın bir zamanda bir felaket geleceğine ve bunu önleyemeyeceğine inanmaktadır.

İçiçelik / Gelişmemiş Kendilik

Birey, bir ya da daha fazla yakınıyla (çoğunlukla ebeveyniyle) aşırı derecede duygusal ilişki ve yakınlık içerisindedir. Bunun sonucu olarak kendi kimliğini geliştirememektedir.

Boyun Eğme

Birey, negatif sonuçlardan kaçınmak için başkalarının kontrolüne boyun eğmektedir. Birey, çatışmadan ve cezalandırılmaktan korktuğu için kendi gereksinimlerini gözardı etmektedir.

Kendini Feda

Birey, gönüllü olarak, kendinden zayıf gördüğü kişilerin ihtiyaçlarını karşılamaya odaklanır. Kendi ihtiyaçlarıyla ilgilenirse kendini suçlu hisseder ve diğerlerinin ihtiyaçlarına öncelik verir. En sonunda da, bakım verdiği kişilere sinirlenir.

Statü Arayıcılık

Birey, kendi gelişimi ve ihtiyaçları pahasına tanınmaya, onay almaya ve ilgi çekmeye aşırı derecede odaklanır.

Duyguları Bastırma

Birey, duyguları ve dürtülerini bastırır çünkü duyguları ifade etmenin başkalarına zarar vereceğine, utanç getireceğine, misillemeye ya da terk edilmeye neden olacağına inanmaktadır. Kişi doğal hareket edemez ve akılcılığı ön planda tutar.

Yüksek Standartlar

Birey, ne yaparsa yapsın yeterince iyi olmadığına ve daha fazla çabalaması gerektiğine inanmaktadır. Kişi, kendini ve başkalarını aşırı derecede eleştirir. Kişi, mükemmeliyetçi, katı ve aşırı derecede becerikli ve/veya verimlidir. Bütün bunlar keyif alma, gevşeme ve sosyalleşme pahasına önceliklidir.

Olumsuzluk / Karamsarlık

Birey her zaman yaşamdaki olumsuzluklara odaklanmakta ve hayatın olumlu taraflarını hafifsemektedir. Kişi sürekli kaygılı ve aşırı tetiktedir.

Cezalandırıcılık

Birey, hata yaptıklarında, insanların ağır derecede cezalandırılması gerektiğine inanmaktadır. Kişi saldırgan, hoşgörüsüz, sabırsız ve affetmezdir.

Haklılık / Büyüklenmecilik

Birey başkalarından üstün olduğunu ve özel hakları olması gerektiğini düşünmektedir. Kişi, başkaları ne düşünürse düşünsün, istediği her şeyi yapabilmesi ve elde edebilmesi gerektiği konusunda ısrarcıdır. Ana tema; güçlü olmak, kişileri ve durumları kontrol altında tutmaktır.

Yetersiz Özdenetim / Özdisiplin

Bireyin sıkıntıya kesinlikle tahammülü yoktur ve duygularını ve dürtülerini kontrol edemez. Kişi, tatsızlık ve rahatsızlığa (acı, çatışma ya da aşırı çabalamaya) katlanamaz.*

20 Mod

İncinmiş Çocuk

Birey, kimsenin onun ihtiyaçlarını karşılamayacağına ve herkesin onu eninde sonunda terk edeceğine inanmaktadır. Kişi başkalarına güvenmez ve başkalarının onu istismar edeceğini düşünür. Kişi kendisini değersiz hissetmekte ve reddedileceğini düşünmektedir. Kişi kendinden utanmakta ve çoğunlukla kendini dışlanmış hissetmektedir. Kişi, yardım için terapistine yapışan küçük ve hassas bir çocuk gibi davranır çünkü kendini yalnız ve sürekli tehlike altında hissetmektedir.

Çeviri Editörünün notu: 90 maddelik Young Şema Ölçeği'nin (YŞÖ) Türkçe'ye uyarlanması, geçerlik güvenirlik çalışmaları için bakınız: Soygüt, G., Karaosmanoğlu, A. ve Çakır, Z. (2009). 'Erken dönem uyumsuz şemaların değerlendirilmesi: Young şema ölçeği kısa form-3'ün psikometrik özelliklerine ilişkin bir inceleme', *Türk Psikiyatri Dergisi*, 20 (1), 75-84.

YŞÖ'nün Türkiye standartları için belirlenmiş boyutları şunlardır: Duygusal Yoksunluk, Başarısızlık, Karamsarlık, Sosyal İzolasyon/Güvensizlik, Duyguları Bastırma, Statü Arayıcılık, İçiçe Geçme/Bağımlılık, Ayrıcalıklılık/Yetersiz Özdenetim, Kendini Feda, Terk Edilme, Cezalandırılma, Kusurluluk, Tehditler Karşısında Dayanıksızlık, Yüksek Standartlar.

Kızgın Çocuk

Birey, temel ihtiyaçları karşılanmadığı için, yoğun bir şekilde kızgın, öfkeli ve sabırsızdır. Aynı zamanda, kişi kendini terk edilmiş, aşağılanmış ya da ihanete uğramış hissedebilir. Kişi öfkesini, sözel ya da sözel olmayan şekilde, adeta öfke nöbeti geçiren bir çocuk gibi aşırı uç bir biçimde ifade eder.

Hiddetli Çocuk

Birey, Kızgın Çocuk'taki aynı nedenlerden ötürü öfkelidir fakat kontrolünü kaybeder. Bu, tıpkı küçük bir çocuğun ebeveynlerini incitmesi gibi, insanlara ve eşyalara karşı saldırgan ve zarar verici bir şekilde ifade edilir.

Dürtüsel Çocuk

Birey, (temel olmayan) arzularını bencil ve kontrolsüz bir şekilde tatmin etmek ister. Kişi, duygularını ve dürtülerini kontrol edemez ve (temel olmayan) istekleri karşılanmadığında kızar ve öfkelenir. Kişi sıklıkla şımarık bir çocuk gibi davranır.

Disiplinsiz Çocuk

Bireyin sıkıntıya kesinlikle tahammülü yoktur ve kendini sıradan veya sıkıcı işleri bitirmeye zorlayamaz. Kişi, tatsızlığa veya rahatsızlığa (acı, çatışma veya aşırı çabalamaya) katlanamaz ve şımarık bir çocuk gibi davranır.

Mutlu Çocuk

Birey memnundur ve kendisinin sevildiğini, korunduğunu, anlaşıldığını ve onaylandığını hissetmektedir. Kişi kendine güvenir ve kendini yeterli hisseder. Olması gerektiği gibi bağımsız ve kontrol sahibidir. Kendiliğinden hareket edebilir, maceracı ve iyimserdir. Kişi mutlu bir küçük çocuk gibi oyuncudur.

Söz Dinleyen Teslimci

Birey, olumsuz sonuçlardan kaçınmak için kendini başkalarının isteklerine adar. Kişi kendi ihtiyaçlarını, duygularını baskılar ve öfkesini içine atar. Kişi, itaatkâr ve pasif davranır. Boyun eğerek onay alabilmeyi umut eder. Kişi başka insanların istismarına müsamaha gösterir.

Kopuk Korungan

Birey kendini güçlü duygulara karşı kapatır çünkü böyle duyguların tehlikeli olduğunu ve kontrolden çıkabileceğine inanır. Kendini sosyal ilişkilerden çeker ve duygularını engellemeye çalışır (bazen bu çözülmeye/dissosiyasyona neden olabilir). Birey kendini boş, sıkılmış ve benliğini kaybetmiş hisseder. Kişi, diğer insanlarla olan mesafesini korumak için alaycı ve karamsar bir tutum benimseyebilir.

Kopuk Kendini Yatıştıran / Uyuşturan

Birey, olumsuz duygular hissetmemek için dikkatini dağıtacak yöntemler arar. Kişi dikkatini kendini yatıştırıcı davranışlar (örn: Uyumak ya da madde kullanımı) ya da kendini uyaran etkinlikler (örn: Bir şeyin fanatiği olmak ya da iş, internet, spor ya da seks ile meşgul olmak) ile dağıtır.

Büyüklenmeci

Birey kendini diğerlerinden üstün görür ve özel hakları olması gerektiğini düşünür. Kişi, başkaları ne düşünürse düşünsün, istediği her şeyi yapabilmesi ve elde edebilmesi gerektiği konusunda ısrarcıdır. Kişi kendi özgüvenini artırmak için gösteriş yapar ve diğerlerini kötüler.

Zorba ve Saldırgan

Birey başkaları tarafından kontrol edilmemek ya da incitilmemek ister. Bu nedenle onları kontrol altına almaya çalışır. Kişi bunu başarmak için tehdit, göz korkutma, öfkeli davranış ve zor kullanma gibi yöntemler kullanır. Kişi her zaman başat/baskın bir pozisyonda olmak ister ve başkalarını incitmekten sadistçe bir zevk alır.

Cezalandırıcı Ebeveyn

Kişi kendine karşı agresif, hoşgörüsüz ve sabırsızdır. Kendine karşı bağışlayıcı değildir. Kişi sürekli kendini eleştirir ve suçlu hisseder. Kişi hatalarından utanır ve bunlar yüzünden ağır derecede cezalandırılması gerektiğine inanır. Bu mod, ebeveynin (bir veya ikisi birden) ya da diğer öğretmenlerin kişiye eskiden onu küçük görmek ya da cezalandırmak için söylediği şeylerin yansımasıdır.

Talepkâr Ebeveyn

Birey kendisinin katı kurallara, ölçülere, kalıplara ve değerlere uyması gerektiğini hisseder. Kişi bunları yaparken aşırı derece verimli olmalıdır. Kişi ne yaparsa yapsın yeterince iyi olmadığına ve daha çok çabalaması gerektiğine inanmaktadır. Bu yüzden, her şeyin mükemmel olması için kendine yüksek standartlar koyar ve dinlenmeyi ve haz almayı ikinci plana atar. Kişi sonuçlardan hiçbir zaman hoşnut değildir. Bu kurallara ve kalıplara ebeveyn de (biri veya ikisi birden) inanmaktadır.

Sağlıklı Yetişkin

Birey kendiyle ilgili olumlu ve yansız, düşünce ve duygulara sahiptir. Kendisine iyi gelecek şeyler yapar ve bu da sağlıklı ilişkilere ve etkinliklere olanak sağlar. Sağlık Yetişkin modu uyum bozucu değildir.

Kızgın Korungan*

Birey tehdit olarak gördüğü kişilerden korunmak için kendine bir öfke duvarı örer. Kişi diğerleriyle arasındaki mesafeyi öfke patlamaları göstererek korur. Fakat kişinin öfkesi Kızgın / Öfkeli Çocuğa kıyasla daha kontrol altındadır.

Takıntılı Aşırı Kontrolcü*

Birey kendini varsayımsal ya da gerçek tehditlere karşı korumak için her şeyi kontrol altında tutmaya çalışır. Kişi bunu başarmak için ritüeller ya da tekrar eden davranışlar kullanır.

Kuşkucu / Paranoyak*

Birey kendini, varsayımsal ya da gerçek tehditlere karşı, başkalarını kontrol altına alarak ve onların gerçek amaçlarını ortaya çıkartmaya çalışarak korumaya çalışır.

Kurnaz ve Manipülatif*

Birey, başkalarına zulmetmek ya da cezalandırılmaktan kaçınmak amacıyla, belli bir hedefe ulaşmak için aldatır, yalan söyler ya da kendi amacı doğrultusunda, dürüst olmayan ya da akıllıca biçimde olayları/kişileri yönlendirir.

Kurnaz Avcı*

Birey tehditleri, rakipleri, engelleri ya da düşmanları soğukkanlı, acımasız ve kurnaz bir şekilde ortadan kaldırır.

İlgi Bekleyen*

Birey aşırıya kaçan davranışlar, erotomani (aşırı cinsel ilişki dürtüsü) ya da büyüklenmecilik ile, başkalarının ilgisini, dikkatini çekmeye ya da onayını almaya çalışır.

* Bu modlar Şema Mod Ölçeği'ne (SMI-1) henüz eklenmemiştir.

EK II-C

Şema ve Mod Çalışma Kağıdı

Ad: ....
Şema 1: ....
Şema 2: ....
Şema 3: ....

Ad: ....
Şema 1: ....
Şema 2: ....
Şema 3: ....

Kağıtlar şema farkındalığı puanlarını haftalık bir şekilde o'dan 10'a ölçek üzerinde puanlamak için kullanılır (0= şema bilinçli farkındalıkla gözlemlenmedi, 10= şema tam bir bilinçli farkındalıkla gözlemlendi).

	1. Hafta Puanı	2. Hafta Puanı	3. Hafta Puanı	4. Hafta Puanı	5. Hafta Puanı	6. Hafta Puanı	7. Hafta Puanı	8. Hafta Puanı
Şema 1								
Şema 2								
Şema 3								

Kısım 3

Katılımcı Çalışma Kitabı

9 Katılımcı Çalışma Kitabı

Bu çalışma kitabı Mindfulness ve Şema Terapi eğitimi için özel olarak geliştirilmiştir. Yapı ve seanslar hakkında bilgi sunar, eğitim sırasında edinilen bilgilerin korunmasına yardımcı olur. Hastalar, http://www.psikonet.com/semamindful adresinden Türkçe ses dosyalarına ulaşılabilir. Daha önceki deneyimler eğitimin katılımcılar grup toplantıları dışında pratik yaptıklarında daha verimli olduğunu gösterdiği için bu uygulamaları gerekli görüyoruz.

Katılımcı çalışma kitabı, 8 seansa ve 2 izleme seansına bölünmüştür. Mindfulness (bilinçli farkındalık), şema ve modları içeren temel kavramların açıklanmasını içerir ve her seansa ilişkin soruları tartışır. Her uygulama ayrıntılı bir şekilde açıklanmıştır. Bazı katılımcılar uygulamaları yaptıktan sonra tekrar okumakta yarar görür. Bir sonraki seanslarla ilgili olan ödevler her seansın sonunda listelenmiştir.

Seans 1 Şemalar, Modlar ve Mindfulness Eğitimi

Şemalar, şema modları ve şema baş etme biçimleri

Şemalar; kendimiz, başka insanlar ve dünya ile ilgili derinlerde sıkıca demir atmış algı biçimimizdir. Bu türde algılama biçimleri deneyimlerimiz tarafından biçimlendirilir. Şemalar oldukça yararlı olabilir çünkü gerçekliğimizi sadeleştirirler, gündelik yaşamda karşılaştığımız bilgilerin büyük bir bölümünü yönetilebilir duruma getirirler. Ancak şemalar sabit bir fikir ve algılama biçimi durumuna geldiklerinde ve dolayısıyla bizi çeşitli durumlarda bilinçli karar vermekten alıkoyduklarında sorun durumuna gelir. Sonuç olarak, sağlıklı ve uygun yaşamak için gerekli olan esnekliğimizi kaybedebiliriz.

Şemalar genellikle belirli durumlarda ve belirli insanlarla olan etkileşimlerde tetiklenir ve kuvvetli, acı veren duyguların ortaya çıkmasına neden olabilir. Aynı anda bir veya daha fazla şema etkinleştiğinde veya artarda tetiklenmeler görüldüğünde ters tepen veya zarar veren ruh halleriyle sonuçlanması olasıdır (örneğin: modlar). Bu tür mod etkinleşme durumlarında, davranışlarımız normal durumlarda olacağından veya başka bir insanın benzer bir durumda göstereceğinden daha az sağlıklıdır.

Frank kendini açma ve kendi kırılgan tarafını göstermekte zorluk yaşamaktadır. Partilere gittiğinde genelde oraya ait değilmiş gibi, sanki diğer insanlar onu garip veya ilgi çekmeyen biri olarak görecek gibi hisseder. Arkadaşlarından biri onu bir gece partide gördüğünde Frank'in ne kadar sessiz olduğunu, onun açılmasını görmek istediğini ve onunla paylaşımda bulunmak istediğini söyler. Frank tamamen kapanır. Kendini arkadaşından uzaklaşırken bulur, zihni bomboş olur ve ağzı düğümlenir. Arkadaşı, giderek koptuklarını ve bundan pişmanlık duyduğunu çünkü onun birlikteliğinden hoşlandığı ve onu daha yakından tanımak istediğini söyler. Frank bunu duyduğuna üzülür ancak duygularını paylaşmak yerine kendi kabuğuna daha çok çekilir ve bir bira daha sipariş eder. O gece alkolün rahatlamasına yardım edeceğini ve rahatça konuşabileceğini umarak sekiz bira içer.

Şu an'a kadar, genel popülasyonda 19 şema ve 20 mod tanımlanmıştır. Bunlar Tablo 9.1'de (s. 130) listelenmiştir.* Her şema ve modun daha ayrıntılı tanımlaması için Ek-2-B'ye bakınız.

* Özgün kitabın yayımlandığı 2014 yılından sonra modlar, adli psikoloji ve yeme bozuklukları vakaları gibi klinik örneklem üzerine yapılan araştırmalar ile ayrıntılandırılmış ve mod sayısında artış olmuştur. (Ed. n.)

Tablo 9.1 Şemalar ve modlar

On Dokuz Şema	*Yirmi Mod*
Duygusal Yoksunluk	İncinmiş Çocuk
Terkedilme / İstikrarsızlık	Kızgın Çocuk
Güvensizlik /Kötüye Kullanılma	Hiddetli Çocuk
Sosyal İzolasyon / Yabancılaşma	Dürtüsel Çocuk
Kusurluluk / Utanç	Denetimsiz - Disiplinsiz Çocuk
Sosyal İstenilmeme	Mutlu Çocuk
Başarısızlık	Söz Dinleyen Teslimci
Bağımlılık / Yetersizlik	Kopuk Korungan
Hastalıklara ve Zarar Görmeye Karşı Dayanıksızlık	Kopuk Kendini Uyuşturan / Kendini Avutan
İç içelik / Gelişmemiş Kendilik	Büyüklenmeci
Boyun Eğme	Zorba ve Saldırgan
Kendini Feda	Cezalandırıcı Ebeveyn
Statü Arayıcılık	Talepkâr Ebeveyn
Duyguları Bastırma	Sağlıklı Yetişkin
Yüksek Standartlar	Kızgın Korungan*
Olumsuzluk ve Karamsarlık	Takıntılı Aşırı Kontrolcü*
Cezalandırıcılık	Paranoyak*
Haklılık / Büyüklenmecilik	Kurnaz ve Manipülatif*
Yetersiz Özdenetim / Özdisiplin	Kurnaz Avcı*
	İlgi Bekleyen*

*Bu modlar Şema Mod Envanteri'ne (Schema Mode Inventory - SMI-1) henüz eklenmemiştir.
Kaynak: van Vreeswijk, Broersen, and Nadort, 2012. Wiley'den izin alınarak kullanılmıştır.

Frank'in örneği Sosyal İzolasyon / Yabancılaşma ve Kusurluluk/ Utanç şemalarının İncinmiş Çocuk modu tarafından nasıl dışarıya vurulabileceğini ve daha sonrasında Kopuk Korungan ve Söz dinleyen / Teslimci modlarının devreye girdiğini göstermektedir. Frank'in şemaları kendilerini, onu daha konuşkan yapan alkol kötüye kullanımı davranışı ile sürdürmektedir. Bu, onun şemalarının haklı olduğu sonucuna ve insanlarla etkileşimde bulunabilmesi için alkole ihtiyacı olduğu kanısına varmasını sağlayan bir şema kaçınma stratejisini temsil eder.

Yukarıdaki örnekte Frank, şemaların korunduğu üç şema başa çıkma türünden (zor ve acı veren durumlarla başa çıkma yolundan) birini gösteriyor. Şemaların varlığını sürdürmesini sağlayan üç strateji vardır: Şema kaçınması, şema aşırı telafisi ve şema teslimi.

Şema kaçınması, şemaların tetikleneceği veya onları sohbet içerisinde ortaya çıkaracak durumlardan kaçınmayı ya da bu durumları engellemeyi amaçlayan davranışlardır. Olası şema kaçınma stratejisi örnekleri; madde kullanımı, aşırı bilgisayar kullanımı, çok çalışma, uyuma, hayallere dalma ve televizyon izleme olabilir.

Şema aşırı telafisi, daha çok şemalarınızın üzerinden bağırmak gibi bir şeydir. Bu davranış türünde, acizliğimizi inkâr eder ve hassas yönlerimizi görmezden geliriz. Tam da bize zor, keyifsiz veya oldukça korkunç gelen şeyi şemaların yanlış olduğunu kanıtlamak için yaparız.

Şema teslimi, şemaları onaylayan bilgiyi arayıp bulmayı içerir. Şemalarla karşıt düşen herhangi bir durumun üzeri kapatılır ve inkâr edilir. Biz, bir durumun sadece şemalarımızı destekleyen yönlerini fark ederiz.

Bir sonraki örnekte ana şemaları Yetersiz Özdenetim ve Duyguları Bastırma olan bir kadının şema aşırı telafisi ve şema teslim davranışları tanımlanmıştır. Kadının baskın modları ise, İncinmiş Çocuk ve Talepkâr Ebeveyn modudur.

Irene yalnızdır. En iyi arkadaşı alışveriş buluşmalarını iptal etmiştir ve Irene'nin eşi iş toplantısından ötürü eve geç gelecektir. Dakikalar geçtikçe İrene daha da mutsuz olur, ta ki kendi başına şehre gitmeye karar verene kadar. Kendi başına eğlenebileceğini düşünür ve bunu kanıtlayacaktır. Kalabalık caddeden yürüdükçe daha mutlu hisseder gibi görünür. Pahalı bir mağazayı geçerken uzun zamandır dikkatini çeken bir ürünü fark eder. Bu parçayı gerçekten hak ettiğine inanmaz ama yine de... Irene eşini arayıp, ona gününden bahsedip ve daha sonra bu parçayı almasının sorun olup olmayacağını sormaya karar verir. Ancak eşi telefona yanıt verdiğinde bir toplantının ortasındadır. Şu anda ona vakti olmadığını ve yarın konuşup konuşamayacaklarını sorar. Irene hayal kırıklığına uğramış ve yalnız bir şekilde telefonu kapatır. Her şey tam da onun düşündüğü şekilde sonuçlanmıştır; kimsenin onun için vakti yoktur. *Ne zaman birine ihtiyacı olsa, onu dinleyecek kimseyi bulamıyordur, o her zaman diğer insanlar için hazır olsa bile!*

Mindfulness ve Şema Terapi Eğitimi

Yaptığımız çoğu şeyin tam olarak farkında değiliz. Örneğin bisiklet sürerken sol ayağımızla sol pedalı, sağ ayağımızla sağ pedalı süreceğimizi sürekli olarak düşünmüyoruz. Belli ki, bu otomatik pilotun avantajları da var: Bir seferde birden çok iş yapmamızı sağlıyor. Ancak dezavantajları da var: Başka bir şey hakkında düşünüyorsak bisikleti yolumuzdan farklı yere saptırabiliriz.

Şema ve modlarla da benzer gözden kaçırmalar yaşanabilir. Bunların en iyi olasılıkla amaçları, dünyamızı anlamamızı kolaylaştırmak, hareketlerimizi ve içinde bulunduğumuz koşulları yönlendirmektir. Ancak şema ve modlar otomatik şekilde ve sürekli çalıştıklarında, sorunlu duruma gelebilir. Sonuçta şema ve modlarımızın davranışlarımızı biçimlendirdiği gerçeğini gözden kaçırıyoruz. Nasıl davranacağımıza bilinçli karar vermekten bizi alıkoyuyorlar.

Önümüzdeki sekiz haftada şemalarınızın ve modlarınızın ne zaman tetiklendiğini fark etmeyi öğreneceksiniz. Bir şema etkin duruma geldiğinde neler olup bittiğine ilişkin farkındalığımız arttığında; kendiniz, diğerleri ve çevreniz hakkında daha büyük bir bilinçli farkındalık geliştireceksiniz. Şemalarınıza eşlik eden istenmeyen düşüncelerinize karşı; onları inkâr etmek, onlardan kaçınmak ve onlara teslim olmak yerine, farkındalık getireceksiniz. Bedensel deneyimleriniz odak noktanız durumuna gelecek; fiziksel duyumsamaları korku, üzüntü veya kızgınlık yerine Mindfulness ve kabul ile algılayacaksınız. Nefes almak, şema ve modlarınız (güçlü bir şekilde) tetiklendiğinde her zaman mevcut olan güvenilir bir çapa durumuna gelecektir. Bu, gerçekliğe ilişkin görüşünüzü çarpıtan bir zihinsel olayın kontrolü altında olduğunuzu fark etmenize yardımcı olur. Şema tetikleyici anları bilinçli farkındalık ile belli bir uzaklıktan izleme becerisini geliştirmek, hayatın içerisindeki durumlara daha büyük bir farkındalıkla tepki vermenizi sağlayacaktır.

Bu eğitim sizin acı veren duygularınızı, düşüncelerinizi ve hareketlerinizi ortadan kaldırmak için tasarlanmamıştır, ancak elbette bu harika bir ek kazanım olacaktır. İçsel deneyimlerinizi düzeltmek veya onlardan kaçmayı denemek yerine, amacınız onlara izin vermek ve onları gözlemlemek olacaktır. Bu yaklaşım daha bilinçli karar vermeye zemin oluşturacaktır. Durumlara duygularınızdan, şemalarınızdan ve modlarınızdan bağımsız tepki vermenizi sağlayacaktır.

Örnek: Otomatik Şema ve mod temelli tepki

Otomatik tepki

John bir partide etrafındaki herkesin konuştuğunu ve güldüğünü görür. (Tetikleyici)

↓ ↓

John ait değilmiş gibi hisseder; farklıymış veya aşağılıkmış gibi.

(Şemalar tetiklendi; Sosyal izolasyon/ Yabancılaşma ve Kusurluluk / Utanç)

↓ ↓

John kendini huzursuz, mutsuz hisseder ve hiçbir şey hissetmiyor olmak ister. Zihni boş ve karışık bir duruma gelir. Diğerlerinin kendi hakkında düşündüklerini kafaya takmamazlık yapamaz.

(Mod tetiklendi; Kopuk Korungan)

↓ ↓

John daha da uzaklaşır ve kendini odanın köşesinde bir koltukta artarda bira içerken bulur. Birisi yaklaşıp dans etmeyi teklif ettiğinde, açıkça reddeder. Eğlenen diğer herkesi izler, ancak kenarda duvara karşı duran insanları fark edemez (Şema başa çıkması; Kaçınma ve Teslim).

Örnek: Mindfulness temelli tepki

Mindfulness tepki

John bir partide ve etrafındaki herkesin konuştuğunu ve güldüğünü görür. (Tetikleyici)

↓ ↓

John ait değilmiş gibi hisseder; farklıymış veya aşağılıkmış gibi.

(Şemalar tetiklendi; Sosyal izolasyon/ Yabancılaşma ve Kusurluluk / Utanç)

↓ ↓

John kendini huzursuz, mutsuz hisseder ve hiçbir şey hissetmiyor olmak ister. Zihni boş ve karışık bir duruma gelir. Diğerlerinin kendi hakkında düşündüklerini kafaya takmamazlık yapamaz. Bir yanı yalnız hisseder, ayrılmak ister ve hissetmemek ister. John'un sağlıklı yanı otomatik pilota düşmemenin önemli olduğunu bilir. Duyguları ve ihtiyaçları konusunda dikkatli olmanın, ama aynı zamanda çevresinin de farkında olmasının önemli olduğunu bilir.

(Mod tetiklendi; Kopuk Korungan ve Sağlıklı Yetişkin)

↓ ↓

John nefes almaya odaklanır. Canlılığını yitirip, şemaları tarafından yıkıldığında, şemalarının ve modlarının bakış açısındaki etkisini fark eder. Kendini ve çevresini dikkatle gözlemlemeye devam ettiğinde, John üzüntü ve yalnızlık duygularının değiştiğini keşfeder. Partinin çılgınlığından uzak, duvara karşı duran başka insanların olduğunu fark eder. John onlara katılmaya ve sohbet başlatmaya karar verir. (Mindfulness temelli şema ve mod etkinleşmesi ile başa çıkan yaklaşım).

Pratik, Pratik, Pratik

Düzenli pratik hem eğitim sırasında hem de sonrasında, gereklidir. Şema ve modlara dikkatle yanıt vermeyi öğrenmek uzun bir süre alır ve pratik gerektirir. Yıllar boyunca oldukça kökleşmiş şeyin bir gecede ansızın yok olmasını bekleyemezsiniz. Bu süreç, gerilim dolu anlar veya kaçınmayı tercih edeceğiniz (acı veren) duygularla yüzleşmeler içerecektir. Bunlar normal tepkilerdir. Amaç bu anların farkında olmak, şemalarınızı fark etmek ve kontrolde kalmak için her şeyi yapabileceklerini anlamaktır. Kademeli olarak ya şema ve modlarınız tarafından yönetilen, ya da kendi istekleriniz tarafından yönetilen bir yaşam arasında karar verme becerisini geliştireceksiniz.

Bu kitap çeşitli uygulamalar içermektedir. Bazıları size diğerlerinden daha çok uyacaktır. Hepsini bir defadan fazla deneyin. Ancak bütün egzersizlerin üzerinden geçtikten sonra sizin için hangisinin en iyisi olduğuna bilinçli bir şekilde karar verebilirsiniz.

Uygulama 1.1 Kuru Üzüm Uygulaması

Derse deneyim odaklı bir uygulama ile başlayacağız. Size bir nesne vereceğim. Bu nesneyi avuç içinize alın. Onu, sanki daha önce hiç böyle bir şey görmemişsiniz gibi inceleyin. Mars'tan gelmişsiniz ve Dünya'ya daha yeni varmışsınız gibi davranın; gördüğünüz ilk şey bu ve ne olduğu hakkında hiçbir fikriniz yok.

- Nesneyi yakından inceleyin
  (20 saniye ara)
- Onu büyük bir merakla inceleyin, sanki tüm hayatınızda onun gibi bir şey hiç görmemişsiniz gibi.
  (20 saniye ara)
- Baş parmağınız ve işaret parmağınız arasında gezdirin. Işığı yakalayan dış kısımları ve kıvrımların içindeki koyu alanları keşfedin.
  (20 saniye ara)
- Gözlerinizi bu nesnenin üzerinde gezdirin, sanki gerçekten ilk kezmiş gibi.
  (20 saniye ara)
- Yüzeyi ve onun hammaddesini hissedin, esnekliğini ve ağırlığını.
  (20 saniye ara)
- Ve bunu yaparken, "Bu çok garip bir egzersiz" veya "Bu bana hiçbir şey yapmıyor" gibi düşünceler aklınızdan geçerse, onları sadece bir düşünce -daha fazlası değil- gibi görmeye çalışın ve dikkatinizi tekrar nesneye yöneltin.
  (20 saniye ara)
- Nesneyi kulağınıza getirin. Onu sıkın ve parmaklarınız arasında dolandırın. Dikkatlice dinleyin.
  (20 saniye ara)
- Şimdi nesnenin bir kokusu olup olmadığına karar verin. Onu burnunuza götürün ve koklayın. Aynı zamanda bunu yaparken elinizin ve kolunuzun hareketini fark edin.

- Sonra ona tekrar bakın.
  (20 saniye ara)
- Nesneyi ağzınıza götürmek üzeresiniz. Elinizin ve kolunuzun bu hareketi nasıl yapacağını tamamen bildiğini fark ederek onu yavaşça dudağınıza götürün. Muhtemelen, nesneyi ağzınızın içine götürmeye karar verdiğiniz andan başlayarak; ağzınıza giren salyanın bile farkında olacaksınız.
  (20 saniye ara)
- Nesne dikkatlice ağzınıza yerleştirildikten sonra -onu henüz ısırmayın- bunun size ne hissettirdiğini fark edin.
- Hazır olduğunuzda, yavaşça nesneyi ısırın ve ortaya çıkan tatları fark edin.
  (20 saniye ara)
- Yavaşça çiğnemeye başlayın. Ağzınıza giren salyanın daha çok farkına varın, nesnenin dokusunun siz çiğnedikçe nasıl değiştiğini fark edin, çiğnemenin ve yutmanın yaptığı bütün küçük sesleri fark edin. Oluşan farklı tatların farkına varın.
  (20 saniye ara)
- Son olarak, nesneyi çiğneme hissine çok dikkat edin. Boğazınızdan ve yutağınızdan aşağıya ve midenize doğru süzülmesini hissedin.
  (20 saniye ara)
- Vücudunuzun, tam olarak bu nesnenin ağırlığı kadar ağırlaştığını hissedin!

Beden Tarama Uygulamasının Yönergeleri

Beden tarama uygulaması vücudunuzdaki duyumsamalara olan farkındalığınızı ve bu farkındalığı koruma becerinizi artırmak için tasarlandı. Fiziksel duygularınız ortaya çıktıkça bu duygulara tepki vermeden, onları değiştirmek istemeden veya onları kabul/ret etmeden dikkatinizi hislerinize verin.

Beden tarama sizi rahatlatmak veya sakinleştirmek amacına sahip değildir. Bu bir yan etki olabilir ama amaç değildir.

Diyelim ki, vücudunuzun herhangi bir yerinde acı hissettiniz. Dikkatinizi o noktaya yönlendirin. Eğer acı güçleniyorsa veya hafifliyorsa, bu değişimin farkına varın. Amaç, fiziksel duyuların ve onların nasıl değiştiğinin farkında olmak. O anda her ne hissediyorsanız, deneyimi hiçbir şekilde değiştirmeye çalışmayın.

Ne zaman bir şeye odaklanmaya çalışsanız, sonunda dikkat dağıtıcı şeyler ortaya çıkacaktır. Bu, zihnin doğal yapısı gereği beklendik bir durumdur. Bizim önerimiz bu uygulamalar sırasında dikkat dağılmaları ile ilgili endişelenmemek ve bunları hata olarak algılamamaktır. Eğer düşüncelerinizin azaldığını fark ederseniz, bu aslında otomatik pilotu devreden çıkarmayı başardığınız anlamına gelir ki; bu tam olarak amaçlanan noktadır. Basitçe durun, dikkat edin ve asıl dikkat noktanıza geri gelin. Bunu kibar ve nazik bir şekilde yaptığınızdan emin olun. Eğer zihninizin dağıldığını fark ettiğiniz her an kendinizi yargılamak yerine, ki bu daha çok zihin dağılmasına neden olacaktır, zihninizi nazikçe nefesinize getirirseniz; uygulama daha yumuşakça ilerleyecektir. Uygulama yaptıkça dikkat dağıtıcı düşünceleri fark edebilme beceriniz gelişecektir.

Duygular da sizin dikkatinizi dağıtabilir. Beden farkındalığıyla, kendinizi (dikkatinizi) tekrar raya oturtabilirsiniz. Bu, farkındalığınızı duygusal yüklü düşüncelerin sarmalından çok, duygularınızın fiziksel bileşenine dayandıracaktır.

Beden tarama sırasında, her an ve bedeninizin farkındalığa giren her bölümü size gözlemlenecek yeni deneyimler sunacaktır. Birkaç nefes süresince dikkatinizi ardı ardına gelen bölgeler üzerinde tutun. Soluma sırasında yeni bir bölgeye geçerek, nefes ritminizi çapa olarak kullanabilirsiniz. Size "... bölgesine doğru nefes alın ve ... noktasından nefes verin" gibi sözcüklerle hatırlatmalarda bulunacağız. Egzersizin bu noktasında zihniniz çoktan dağıldıysa, o anda asıl deneyiminiz o olduğu için, dikkatinizi dağıtanın ne olduğunun farkında olun. Dağılan dikkat üzerinde derinlemesine düşündükten sonra, sakince egzersize geri dönün. Bin kez bile dağılmış olsanız, uygulamaya yavaşça bin kez daha tekrar dönün.

Bu uygulama için ses kaydını dinlemeyi yararlı buluyorsanız, bir süreliğine kullanabilirsiniz ancak sonunda beden tarama egzersizini kendi kendinize yapabiliyor olmalısınız. Kendi hızınızda uygulama yapmak, daha kesintisiz ve dolaysız deneyim yaşamanıza ve daha çok duyumsama hisseden bölgelerde daha çok zaman harcamanıza olanak tanır. Eğitim sırasında uygulama oturarak gerçekleştirilir ancak evdeyken uzanarak deneyebilirsiniz. Önemli olan, beden taramayı her gün gerçekleştirmek ve bunu herhangi bir beklenti olmadan yapmaktır. Bunu sadece günlük bir etkinlik durumuna dönüştürün. Her yeni egzersizle yenilenmeye başlayın. Vücudunuzun ne tür deneyimler sunduğunu ve beden deneyimleriyle ilgili ne kadar ayrıntının farkına vardığınızı merak edin. Ne kadar farkında olursanız, bedeninizde neler olduğu ve zihninizde neler olup bittiği arasındaki bağlantıyı o kadar çok fark edeceksiniz. Dahası, fiziksel duyumsamaları fark etmede uzmanlaştıkça vücudunuza yanıt vermek ve vücudunuzla ilgilenmek de daha kolaylaşacaktır.

Uygulama 1.2 Beden Tarama

Bu uygulama rahatsız edilmeyeceğiniz bir yerde olduğunuz sürece oturarak veya yatarak gerçekleştirilebilir. Meditasyon sırasında başınız omuzlarınızın tam ortasında yumuşakça dengelenmiş bir şekilde sırtınızı dik ve rahat duruma getirerek oturun ve ayaklarınızı yerde yan yana getirin.

Gözlerinizi kapatmak veya yarı kapalı tutmak isteyebilirsiniz. Dikkatinizi korumak için en iyi yolun hangisi olduğunu bulun. Bulduğunuz yolu sonradan değiştirmeyin.

- Egzersize nefes almanın duyumsamasına dikkatinizi yönlendirerek başlayın. Nefesinizin ritmini deneyimlemek için dikkatinizi bir süre karnınızdaki harekette tutun. Bu doğal, sürekli hareketi onu değiştirmeye çalışmadan izleyin... (2 dakika)
- Karnınızın ve nefesinizin ritmik hareketine odaklandıktan sonra, başınızın üzerindeki alanın farkına varın. Taç bölgesine. Birkaç kez bu alanın içine doğru nefes alın ve bu alandan dışarıya doğru nefes verin. Kafanızın üzerindeki hangi duyumsamaların farkına varabildiğinizi bulun.
- Şimdi dikkatinizi alnınıza çevirin. Bu alanın içine doğru birkaç nefes alın ve bu alandan dışarıya birkaç nefes verin. Nefesinizle ilgili dikkatinizin bu uygulama sırasında ön planda mı yoksa arka planda mı kaldığını fark edin. Alnınızda ortaya çıkabilecek herhangi bir hissi gözlemleyin.
- Şimdi göz çevrenizdeki alana gelin. Yüzünüzün bu bölümüne odaklanarak birkaç nefes alıp verin. Gözünüzün etrafında ne tarz fiziksel duyumsamaların olduğunu görün. Bunu olabildiğince farkındalıkla yapın, oyuncu ve rahat bir şekilde. Birkaç kez bu alanın içine doğru nefes alın ve bu alandan dışarı nefes verin.
- Buradan itibaren, odaklanmanız ve gözlemlemeniz için, sadece vücudunuzun gereken yerlerinin adlarını belirteceğiz. Yanaklar ve çene... boyun ve omuzlar... sol üst kol... sol alt kol... sol el... ve sol elinin parmakları... sağ üst kol... sağ alt kol... sağ el... sağ eldeki

parmaklar... göğüs...karın... üst sırt... alt sırt...bel... leğen kemikleri... sol üst bacak... sol alt bacak... sol ayak... sol ayağınızdaki parmaklar... sağ üst bacak... sağ alt bacak... sağ ayak... sağ ayağınızdaki parmaklar.

- Son olarak, bedeninizin bir bütün olarak farkında olun. Başınızın üzerindeki taç bölgesinden ayaklarınıza uzanacak birkaç nefes alın ve tekrar geri dönün... (1 dakika).
- Dikkatinizi bir kez daha nefesinize yönlendirin. Nefesinizle birlikte düzgün ve doğal bir şekilde hareket eden karnınızı fark edin.
- Beden taramasında edinilecek her bir yeni deneyim, ne tür fiziksel duyumsamaların doğacağını fark etmeyle ilgili doğal bir fırsat olarak görülebilir.
- Şimdi uygulamayı bitireceğiz. Eğer gözlerinizi kapalı tuttuysanız, şimdi açın. Bulunduğunuz ortamın farkına varın ve biraz hareket edin veya hafif esnemeler yapın...

Ödev

Aşağıda verilen çalışmaların birçoğu birçok seansta kullanılacaktır. Lütfen formların kopyalarını hazırlayın.

- Ödev alıştırmaları: Günlük Mindfulness (Ek 3-A), 8 kopya
- Ödev kağıdı: Beş Boyutlu Bilinçli Farkındalık Ölçeği doldurma (Ek 3-B), 4 kopya
- Ödev kağıdı: Şema Bilinçli Farkındalığını Geliştirmek (Ek-3 C) 8 kopya
- Ödev kağıdı: Özet Yazma (Ek 3-D), 8 kopya
- Ses kaydı: Haftada 4 kez: Beden Tarama (1.2)
- Bir sonraki seansa defterinizi getirin (şema bilinçli farkındalığı sonuçları ile birlikte)
- Seans 1 için verilmiş metni okuyun.

Seans 2 Çevrenizin Bilinçli Farkındalığı

Şema ve modlar genelde o kadar çabuk etkinleşirler ki, biz onları neyin tetiklediğini ve nasıl tetiklendiklerini genelde anlayamayız. Bu nedenle sanki bizim kontrolümüz dışımızda bir şeyin bizi böyle hissetmeye zorladığını, bizi tamamen kontrolsüz bıraktığını algılarız. Oysa bir şema tetiklenmeden önce birçok şey olur ve biz bunların farkına varabiliriz.

Beden tarama, bedendeki fiziksel duyumsamaların ve şema tetiklenmesinin ve bunu izleyen tepkilerin farkına varmanıza yardım eder. Çevrenizin farkındalığı uygulaması, farkındalığınızı, çevrenizde neler olduğunu da kapsayacak şekilde genişletmenize bir yol açar. Dikkatinizi ve bakış açınızı geliştirebilir veya değiştirebilir. Ancak böyle değişimler olsun veya olmasın, asıl amaç yalnızca farkında olmaktır. Bu uygulamayı grupla birlikte deneyimlemeden önce, Beden Tarama ve Günlük Mindfulness egzersizleriyle deneyimlerinizi tartışacağız. Aşağıdaki örneğe bakınız:

Dorothy, günlük Mindfulness egzersizini, geçtiğimiz hafta sadece birkaç kez yapmıştı. Tartışmalar sırasında ortaya çıkıyor ki, Dorothy egzersizlerini planlamamış; ancak sadece hatırladıkça yapmış. uygulamayı yaptığı zamanlarda da, düşüncelerinin işi ve günlük yapılacaklar listesi tarafından kolaylıkla dağıtılabildiğini fark etmiş. Aynı zamanda dişlerini çok sert bir şekilde fırçalamaya eğilimi olduğunu fark etmiş.

Dorothy, yürüyüş ve bir bardak kahvenin tadını çıkarmak gibi hafta boyunca deneyimlediği birkaç Mindfulness anısını daha sundu.

Grup tartışmaları Dorothy'e endişelenerek ne kadar zaman kaybettiğini ve ne kadar kolay dikkatinin dağıldığını fark etmesinde yardım eder. Aynı zamanda ödevler ve diğer etkinliklere zaman ayırmak için ne kadar zorlandığını da fark eder. Dorothy, ancak tüm işlerini bitirdikten sonra kendine zaman ayırır (Yüksek Standartlar/Aşırı Eleştirellik şeması).

Uygulamalar

Uygulama 2.1 Çevrenizin Bilinçli Farkındalığı

Yaşadığımız sürece, nefes alıyoruz. Hayatımızın çoğunu nasıl nefes aldığımızı, nefesimizin ne kadar derin olduğunu ve nefesimizin gün içerisinde nasıl değiştiğini fark etmeden geçiriyoruz. Bu, kendiliğinden gerçekleşen doğal bir süreç ve bu egzersizin amacı nefes almanın nasıl gerçekleştiğinin daha çok farkına varmak. Bunu nefes alış biçiminizi değiştirmeden yapacaksınız. Nefesinize odaklanma becerisi size duygularınızla, şemalarınızla veya modlarınızla mücadelenizde güvenebileceğiniz sabit bir geri dönüş noktası olacaktır.

Mindful Nefes

- Dik bir arkalığı olan bir sandalyeye oturun. Sırtınızı yaslamadan omurganızı dik tutun.
- Sırtınızın düz, rahat ve dingin bir pozisyon almasına izin verin.
- Ayaklarınızı düz şekilde yere basın.
- Gözlerinizi kapatın veya önünüzdeki bir noktaya yumuşakça odaklanarak bakın.
- Yerle ve sandalyeyle temas eden bölgelerinizdeki temas ve baskı duyumsamalarının farkında olun. Beden taramada yaptığınız gibi bu duyumları deneyimleyerek birkaç dakika geçirin.
- Bedeninizde nefesinizi hissettiğiniz yere dikkat ederek, nefesinizin farkına varın. Nefes alıp verdikçe karnınızdaki duyumsamalara

☞

duyumsamalara veya her nefesle burnunuza girip çıkan havaya odaklanabilirsiniz. Nefesi hangi bölgenizde daha çok deneyimlediğinize odaklanın.

- Ne zaman dikkatinizin dağıldığını hissederseniz, sessizce kendinize bu denli farkında olduğunuz için iltifatta bulunun. Hatırlayın ki; herkesin dikkati dağılır ve kendinizi böyle bir anda yakalamanız nefesinizin farkında olmanız için yeni bir fırsattır. Her nefes alış ve verişi sizin tüm dikkatinizi hak eden yeni bir olay olarak görün.
- Nefes alıp verme arasındaki boşluk anlarını fark edin. Bunlar neye benziyor? Bazen nefeste uzun bir ara olur, bazen de kısa. Siz nefesinizi nerede hissediyorsunuz? Değişiyor mu?
- Nefesin ve bu süreçteki doğal değişimlerin farkında olarak kalın. Dikkatinizi her nefesin başlangıcında odaklayın ve bitene kadar onu orada tutun. Bunu her nefes için yapın. Dikkatiniz dağıldığında bunu fark edin ve tekrar yumuşakça nefesinize dönün.

Mindful Dinleme

- Nefes almaya odaklandıktan bir süre sonra, etrafınızdaki sesleri fark edin. Dikkat alanınıza giren tüm seslerin farkında olun. Kimin ya da neyin bu sesleri kimin çıkardığı ile ilgilenmeyin. Basitçe onların nasıl gelip gittiğini, ne zaman yüksek, ne zaman yumuşak olduklarını fark edin.
- Sesler arasındaki farklara dikkat edin. Yapı ve ton, uzaklık ve yakınlık değişimlerine, seslerin size yaklaştığına veya uzaklaştığına odaklanın.

Fiziksel Duyumsamaların Bilinçli Farkındalığı

- Nefesinizin farkındalığını tüm bedeninize genişletin. Neler oluyor? Nerede duyumsama hissediyorsunuz? Gıdıklanıyor mu veya kaşınıyor mu? Gerginlik var mı? Nabız atma hissi? O hisse odaklandığınızda neler oluyor? Değişiyor mu? Güçleniyor mu veya zayıflıyor mu? Yok oluyor mu?

- Bedeninizdeki fiziksel duyumlara olan farkındalığınızı derinleştirdiğinizde neler olduğunu gözleyin. Bu hisleri değiştirmeye çalışmadan onların var olmasına izin verin. Tüm bedensel duyumsamalar kendi özüne ait doğal bir süreç izler.
- Bedensel farkındalığınızın zayıfladığını veya dikkatinizin dağıldığını fark ederseniz, dikkatinizin bedensel odağına geri dönün: Nefesinize. Oradan bedeninizdeki duyumsamaları bir kez daha dahil ederek farkındalığınızı genişletebilirsiniz.

Düşüncelerin Bilinçli Farkındalığı

- Eğer nefesin bilinçli farkındalığı, düşüncelerinizden veya zihninizdeki görüntülerden etkileniyorsa, bunların farkına varın. Düşüncelerin ve kaçınılmaz bir şekilde zihninizde dolanan hikayelere kendinizi kaptırmadan, gelip gitmelerine izin verin. Zihninizin derinlerinde oluşan ve sonra yok olup giden düşüncelerin farkına varın. Oluşan düşüncelerin tanıdık örüntülere ve sıralamalara sahip olduğunu fark edebilirsiniz. Düşüncelerinizin farkındalığını kazanmak ve bu farkındalığı korumak, düşüncelerinize verdiğiniz tepkiyi bilinçli bir şekilde seçme yönünde ilk adımınız olacaktır. Bilinçli farkındalık içinde olmak, otomatik pilotu tuzağından kaçınmanıza yardımcı olur.
- Düşüncelerinizi serbest bıraktığınızda daha başka nelerin olduğunu fark edin. Herhangi bir müdahaleye gerek yok. Düşünceler doğal olarak var olma ve yok olma örüntüsü izler. Onlar sadece düşüncelerdir. Ne zaman düşüncelere kapıldığınızı fark ederseniz, basit bir şekilde tekrar nefesinize dönün.

Duygularınızın Bilinçli Farkındalığı

- Bilinç alanına giren her duygunun var olma izni vardır. Onlara dikkatinizi verin. Bunlar ne tür duygular? Ne kadar güçlüler? Onları iyi veya kötü diye yargılamadan gözlemleyin. İlk kez hissediliyormuş gibi onları öğrenmeyi deneyin. Onları sanki size

☞

tamamen yabancılarmış gibi merakla inceleyin. Şimdi, duygularınızı arkalarındaki hikayelerde boğulmadan gözlemleyip gözlemleyemeyeceğinize bakın. Eğer düşünceleriniz tarafından rahatsız edilirseniz veya bu tarzda duygularla yüzleşmekten rahatsız olursanız, nefesinize tekrar dönün. Bilinçli farkındalık durumuna geri geldiğinizde, duygularınıza tekrar odaklanmayı deneyin.

- Hepimiz duyguları 'hoş' veya 'hoş değil' şeklinde etiketleme alışkanlığına eğilimliyiz. İyi hissettiren şeylere tutunmayı ve iyi hissettirmeyen veya sıkıcı olanlardan kaçınmayı öğreniriz. Bu doğalarında nötr olan olayların duygusal anlam yüklenmesine neden olur. Duygularınızın, düşüncelerinizin ve arkalarındaki hatıraların içinde sıkışmadan var olmasına izin vermeye çalışın.
- Duygularınızın nerede hissedildiğini belirlemek için bedeninizi inceleyin. Hisleriniz nasıl görünüyor? Onları okyanusta bir an yükselen, bir an yok olan dalgalar gibi hayal edin. Bazı dalgalar yüksekken, bazı dalgalar alçaktır. Ancak her dalganın kaderinde hem yükselme hem de alçalma vardır.

Seçimsiz Farkındalık

- Eğer bilincinizin arka planında sesler, görüntüler veya duygular oluşuyorsa, olmalarına izin verin.
- Nefesinize odaklanın. Eğer sesler, görüntüler veya duygular bilincinizin ön planına giriyorsa, orada ne varsa onun farkında olun. Onu bilinçli bir şekilde gözlemleyin ve kendini gösteren ne varsa onun bilinçli farkındalığı içinde olmaya devam edin.
- Bilincinizdeki nesneler hakkında kendinizi tereddüt eder bir durumda bulduğunuzda, nefesinize odaklanın. Bu her daim sizin için mevcut olan bir geri dönme noktası. Şimdi bu uygulamayı sonlandırmaya hazırız. Gününüze devam etmeden önce, bu uygulamaları gündelik yaşamınız içinde sürdürmeyi düşünün. Herhangi bir içgörüye ulaştınız mı? Sakinlik, sessizlik veya uyum

gibi anlar yaşadınız mı? Eğer öyleyse, bunları bilinçli farkındalık içinde önümüzdeki etkinliklere taşıyın. Şimdi yavaşça üçe kadar sayacağım. Üç'te, gözlerinizi açabilirsiniz.

- Yapma moduna geçmeden önce, birkaç dakikayı kendinizin ve şu anki çevrenizin farkında olarak geçirin ... 1... 2... 3.
- Bu uygulamayı her yaptığınızda yaklaşık 20 dakika geçirin. Dikkatinizi neler gözlemlediğinize verin. Her anın, her fiziksel duyumun, her düşüncenin, her duygunun ve her sesin farkında olun. Ne zaman odaklanma sorunu yaşarsanız, sizi bilinçli farkındalığa geri getirecek olan nefesinize güvenebilirsiniz.

Ödev

- Ödev alıştırmaları: Günlük Mindfulness (Ek 3-A)
- Ödev kağıdı: Şema Bilinçli Farkındalığını Geliştirmek (Ek 3-C)
- Ödev kağıdı: Özet Yazma (Ek 3-D)
- Ses kaydı uygulamaları: Beden Tarama (1.2), Çevrenizin Bilinçli Farkındalığı (2.1)
- Seans 2 için olan metni okuyun.

Seans 3 Mindful Nefes Alma

Endişelendiğimizde veya fazla yoğun olduğumuzda bilinçli farkındalık içinde olmak zordur. Yoğun etkinlik bedeni, savaşmaya veya kaçmaya hazır bir durumda yapma–odaklı bir duruma sokar. Korku ve kızgınlık gibi duygular yoğunlaşabilir veya hiç yaşanmayabilir. Kalp atışımız nefes alıp verişimiz hızlanıp sığlaştıkça artar. Biz bunu bilmeden önce, zihnimiz düşünceler girdabına sürüklenir ve büyük bir dışsal farkındalık yitimine neden olur. Sonuç olarak, çevremizde –şemalarımızla çelişen deliller de dahil olmak üzere– önemli (ve çok önemli olmayan) sinyalleri kaçırırız. Bizi sakinleştirebilecek, rahatlatabilecek bilgileri gözümüzden kaçırabiliriz. Bu bölümde nefese daha yakından dikkat ediyoruz. Nefes, son derece yararlı bir bilinçli farkındalık aygıtı sağlar.

Uygulama 3.1 Üç Dakikalık Nefes Alanı

Bu kısa egzersize hemen başlamak istiyoruz, bu nedenle lütfen oturur oturmaz uygun bedensel duruşunuzu alın.

- Rahatlayın, sırtınız dik şekilde oturun ancak sıkı bir şekilde değil. Varoluş ve uyanıklık hissinin bedeninizi doldurmasına izin verin. Gözlerinizi kapatmaktan büyük bir rahatsızlık hissetmiyorsanız, gözlerinizi kapatın. İlk adımınız, şimdi ve burada neler olduğunun gerçek anlamda farkına varmak. Düşüncelerinizin farkında olun. Zihninizde neler oluyor?
- Düşüncelerinizi zihinsel bir etkinlik olarak görün. Ortaya çıkan herhangi bir duyguyu fark ederek, sadece gözlemleyebiliriz. İstenmeyen duygularla ilgili olan düşüncelere bilhassa dikkatinizi verin. Onlardan kaçınmak veya onları bir yana itmek yerine, bu duyguları ortaya çıktıklarında kabul edin. Kendinize

duygularınızla ilgili *"Ah, demek buradasınız. Şu anda olan bu"* cümlelerini söyleyebilirsiniz. Aynı şeyler bedensel deneyimler için de geçerlidir.

- Herhangi bir gerginlik veya başka bir fiziksel duyumsama fark ediyor musunuz? Bir kez daha gözlemci olun ve fark ettiğiniz şeyleri kaydedin. *"Tamam, şu anda olan bu."* Kendi iç dünyanıza yönelik bilinçli farkındalık içindesiniz.
- Otomatik pilot modundan çıktınız. Bir sonraki adım dikkatinizi tek bir şeye odaklamak: Nefes alma deneyimine.
- Karnın her nefeste yükselip alçalan ritmik hareketine odaklanmaya başlayabilirsiniz.
- Karnınıza odaklanarak bir dakikaya yakın bir zaman geçirin. An be an, her nefesle yeniden; böylece her nefes alış ve veriş bilinçli bir şekilde deneyimlensin.
- Farkındalığınızı karnınızın hareketine odaklayın ve nefesinizi bir çapa olarak kullanın; tamamen şimdi ve burada içinde var olun.
- Şimdi üçüncü adımın zamanı. Hazır olduğunuz zaman, tüm vücudunuzu kapsayacak şekilde dikkatinizi genişletin.
- Şu anda, daha büyük bir mekânsal farkındalık ile nefesinizin ve bedeninizin farkındasınız, bedeni bir bütün olarak algılayarak.
- Sanki tüm bedeniniz nefes alıyormuş gibi, nefesinizin farkında olarak kalın.
- Hepsini daha yumuşak şekilde, daha geniş bir mekânsal farkındalık içinde tutarak.
- Si... e kadar sayacağım; üçte, gözlerinizi açabilirsiniz. ...oduna geçmeden önce, birkaç dakikayı kendinizin ve ...renizin farkında olarak geçirin ... 1... 2 ... 3.

Öneri

Nefes alanı uygulamasını günde üç kez uygulayın. Uzun olması gerekmiyor. Her gün birkaç dakika, Mindfulness gelişimini teşvik edecektir. Bu uygulamaları aynı zamanda günlük etkinliklerle (yemek yeme gibi) birleştirmeyi yararlı bulabilirsiniz. Farkındalıkla nefes almayı günlük olarak yaptığınız bir şeyle bağlamak, bunun varlığınızın sürekli bir parçası haline gelmesini sağlayacaktır.

Uygulama 3.2 Acı Veren Anıların Bilinçli Farkındalığı Uygulaması

- Sırtınız dik şekilde bir sandalyede oturun. Geriye yaslanmadan omurganızı dik tutun.
- Sırtınız düz, rahat ve dik bir duruşta oturun.
- Ayaklarını düz bir şekilde yere koyun.
- Gözlerinizi kapatın veya önünüzdeki bir noktaya yumuşakça odaklanmış bir şekilde bakın.
- Bedeninizin yere ve sandalyeye dokunan yerlerindeki bağlantı ve basınç duyumsamalarının farkına varın. Beden taramada yaptığınız gibi, bu duyumsamaları incelemek için birkaç dakika harcayın.
- Nefesinizi bedeninizin neresinde hissettiğinize dikkat ederek, nefes alışınızın farkına varın. Nefes alıp verdikçe karnınızda oluşan duyumlara veya her nefeste burnunuzdan dışarı girip çıkan havanın hissine odaklanabilirsiniz. Nefesinizi en çok hangi bölgede deneyimlediğinize yoğunlaşın.
- Belirli hatıraların, görüntülerin, seslerin veya kokuların zihninizde oluşmasına izin verin. Sizi rahatsız eden, endişelendiren veya üzen şeylerin. Çocukluk, gençlik veya yetişkinlik anılarınız olabilir. Veya gelecekte olabilecek ve olmasını hiç istemediğiniz bir olay. Bu hatıralar ve görüntüler üzerinde düşünmeye yoğunlaştıkça giderek artan gerginliğinizi hissedin. Ortaya çıkmalarına izin verirken

bilinçli farkındalık içinde olun. Şimdi neredesiniz? Kaç yaşındasınız? Ne görüyorsunuz? Etrafta diğer kişiler de var mı? Onlar ne yapıyor veya söylüyor? Şu anda zihninizden ne tür düşünceler geçiyor? Başka ne hissedebilirsiniz? Bu hisler ne kadar kuvvetli?

- Nefesinizin farkında olun. Bedeninizin neresinde hissediyorsunuz? Nefesin en çok var olduğu bölgeye odaklanın. Oluşan duyguları, düşünceleri, imgeleri ve fiziksel duyumsamaları kabul edin. Bazı insanlar kendilerine yavaşça *"Bu benim deneyimim, ben bunu olduğu gibi kabul ediyorum. Bunu değiştirmeye ihtiyaç yok. Olmasına izin verebilirim,"* cümlelerini söylemeyi yararlı buluyor.
- Nefesinizin farkında olarak birkaç dakika daha geçirin. Ne zaman dikkatinizin dağıldığını fark ederseniz, uyumlu ve kabul eden bir tutumla bunun farkına varın ve daha sonra nefesinize dönün. Şimdi yavaşça üçe kadar sayacağım, üçten sonra gözünüzü açabilirsiniz. Yapma moduna geçmeden önce varlığınızın ve etrafınızdaki dünyanın farkına vararak birkaç dakika geçirin ... 1 ... 2... 3.

Uygulama 3.3 Mindful Yürüyüş

- Sol ayağınızı yerden kaldırın ve sağ baldır kaslarınızdaki hafif kasılmayı hissedin.
- Yavaşça sadece ayak parmaklarınız yere değer hale gelene kadar sol ayağınızı yukarı kaldırın. Ayaklarınızdaki ve bacaklarınızdaki değişen duyumsamaların farkında olun.
- Şimdi sol ayağınızı kaldırın ve dikkatlice öne doğru uzatın.
- Topuğunuzu yere koymadan önce, bacağınızın ve ayağınızın havada süzülme hissini fark edin.
- Yavaş yavaş ağırlığınızı bedeninizin sol tarafına kaydırırken, ayağınızın kalan kısmını yere değmesine izin verin.
- Bir sonraki adımı sağ ayağınızla almaya hazırlandıkça, sol ayağınızın nasıl ağırlaştığını hissedin.
- Sol bacağınızdan destek alırken, sağ ayağınızı yerden kaldırın ve yavaşça ileriye doğru hareket ettirin.
- İleriye hareket ederken ayaklarınızdaki ve bacaklarınızdaki değişen duyumsamaların farkına varın.
- Sağ topuğunuz yerle bağlantı kurarken, onun farkında olun.
- Sağ ayağınız yere sağlamca bastıktan sonra, bedeninizin ağırlığını o tarafa kaydırın.
- Ayaklarınız ve bacaklarınızdaki sürekli değişen hislerin farkında olarak kalın.
- Etrafta yürümeye başlayın.
- Dikkatinizi kesintisiz olarak, bacak kaslarınızın hareketine ve tabanların yere basmasına vererek, her bir adımın farkında olun.
- Etrafınızda döndüğünüz zaman, bedeninizin yön değiştirirken yapmış olduğu karmaşık hareket dizisini anlamaya çalışın ve daha sonra yürümeye devam edin.

☞

- İleri ve geri hareket etmeye devam edin, bacağınızdaki ve ayaklarınızdaki duyumsamaların farkına varın.
- Ayaklarınız ve bacaklarınızdaki duyumsamalara farkında olabildiğiniz kadar farkında olarak, ileri geri hareket etmeye devam edin.
- Dümdüz ileri doğru yumuşakça odaklanmış bakışınızı koruyun.
- Dikkatinizin yürüme deneyiminden uzaklaştığını hissettiğiniz anda, tekrar bacaklarınızın ve ayaklarınızın farkında olmaya dönün.
- Oturma meditasyonunda nefesinizi kullandığınız gibi, ayaklarınız ve yer arasındaki bağlantıyı çapa olarak kullanın. Bu bağlantı sizi "şimdi ve burada" içine temellendirecektir.
- Bu şekilde 10 - 15 dakika (veya isterseniz daha uzun) yürümeye devam edin.
- Yürüme egzersizine başladığınızda, yavaş başlayın ki bilinçli farkındalık halinde olmaya alışabilesiniz. Bir kez kavrayınca, sizin için rahat olan hızı seçin. Ancak eğer başlarken acele içerisinde veya huzursuz hissederseniz, hızlı bir tempoda başlamayı deneyin. Sakinleşmeye başladığınızda, hızınızı yavaş yavaş azaltın.
- Normal gündelik yürüyüşünüzde olabildiğince sık bir şekilde bu tür bilinçli farkındalık biçimini uygulamaya çalışın.

Ödev

- Ödev kağıdı: Günlük Mindfulness (Ek 3-A)
- Ödev kağıdı: 5 Boyutlu Mindfulness Ölçeği'ni doldurun (Ek 3-B)
- Ödev kağıdı: Şema Bilinçli Farkındalığını Geliştirmek (Ek 3-C)
- Ödev kağıdı: Özet Yazma (Ek 3-D)
- Ses kaydı egzersizleri: Beden Tarama (1.1), Üç Dakikalık nefes Alanı (3.1), Acı Veren Duyguların Bilinçli Farkındalığı (3.2)
- Uygulama: Mindful Yürüyüş (3.3)
- Seans 3'ün metnini oku.

Seans 4 Şema Başa Çıkmalarının Farkındalığı

Sorunlarla Başa Çıkma

Gerçekten veya görünüşte stresli ve korkutucu olaylarla karşılaştığımızda, içgüdüsel olarak *savaşmak*, *kaçmak* veya *donakalmak* olmak üzere üç türlü tepki veririz. Bu tepkiler genellikle otomatiktir. Beden kendini harekete hazırlarken, nefes hızlanır ve daha sığ duruma gelir. Gözbebekleri büyür ve kaslar gerilir veya gevşer. Savaşma, kaçma veya donakalma tepkisi önemli bir hayatta kalma tepkisidir, özellikle seçim bilinçlice yapıldıysa ve durum için uygunsa. Ancak, çoğunlukla bu tepkiler bilinçsizdir ve bizim otomatik pilotumuz bazen yarardan çok zarara yol açabilir.

Şema ve modlar da yine bu üç stratejiyi içeren başa çıkma stratejileri ile bağlantılıdır. Otomatik olarak uzun sürelerce tetiklendiğinde, kalıcı hasara neden olabilirler. Üç şema başa çıkma yöntemi olarak; *şema kaçınması* (kaçma), *şema aşırı telafisi* (savaşma) ve *şema teslimi* (donakalma) tanımlanmıştır.

Şema kaçınması üzüntü, kızgınlık veya korkuya neden olan herhangi bir şeyden uzak durmaya yönelik çabaları içerir. Bu, dikkat dağılmaları veya ilişkili şemaları tetikleyebilecek durumlardan kaçınmayı içerir.

Şema aşırı telafisi bir kişinin şemaları hiç yokmuş veya var olan şemaların herhangi bir gücü yokmuş gibi davranmasıyla kendini gösterir. Örneğin: Başarısızlıktan korkan insanlar, başarının sağlanması için çok çalışırlar ve kendilerine bunun "çocuk oyuncağı" olduğunu söylerler.

Şema tesliminde, kişi sürekli şemalarını meşru kılacak kanıtlar arar. Şemayı sorgulatacak bazı ayrıntılar bulunana dek her durum incelenir. Örneğin: Güvensizlik ve Kötüye Kullanılma şeması olan biri, başkasının arkadaşlığının göründüğü gibi olduğunu kabul etmeyebilir. Kendi şemasını destekleyecek bir hata bulmak için uzun arayışlara girer.

Mark ve Joanne' nin hikayeleri otomatik pilottayken şema hayatta kalma stratejilerinin genellikle nasıl dar bir bakış açısına yol açtığını gösteriyor.

Mark dün gece yatağa çok geç gitmiştir ve bugün fazla mesai yapmıştır. Saat sekizde eve geldiğinde, kız arkadaşı onun üzerine gider ve niye geç kaldığını, niye onu aramadığını bilmek ister. Mark kendini sinirli hisseder. Bütün gece patronunun bir projesinden ötürü uyumamıştır ve bugün de uzun ve zorlu bir gün geçirmiştir. Sonunda eve gelmiştir ancak hâlâ bir ara veremez çünkü kız arkadaşı ondan ilgi bekler. Mark zamanla siniri daha da artarak; kaşlarını çatar, iş çantasını alır. Hiçbir şey söylemeden arkasını döner ve evden çıkar.

Bu örnek Mark'ın Yüksek Standartlar ve Aşırı Eleştirellik şemasının tetiklediğini gösteriyor. Kız arkadaşının, tıpkı patronu ve genel olarak işi gibi fazlasıyla talepkâr olduğuna inanmaktadır. Mark, takdir edilmediğini hissederek İncinmiş Çocuk moduna girer, kopuk korungan moduyla da kaçar. Sadece kendi şemalarını destekleyen şeyleri görebileceği tünel vizyonu gibi bir bakış geliştirmiştir. Kaçmak kısa sürede onun için en iyi seçenek gibi görünse de, bu onun şemalarıyla çelişen durumları gözden kaçırmasına neden oluyor. Gerçek şu ki; çalışmaya ve ertesi gün mesaiye kalmaya kendisi karar vermiştir. Ve Mark kız arkadaşının tavırlarını talepkâr algılasa bile, kız arkadaşı onun çok çalışmasıyla ilgili endişeleniyor ve aynı zamanda Mark'la vakit geçirmeyi özlüyor olabilir.

Joanne diğerlerini tatmin etmek için aşırı çaba harcarken, kendi ihtiyaçlarını en arka sırada tutma alışkanlığını geliştirmiştir. Yüzleşmekten kaçınır ve kendisini nadiren savunur. Bir gün bir kız arkadaşı arar ve Joanne'nin onu yüzyıllardır aramadığını söyler. Bu arkadaşı uzun zamandır hastadır ve bu süreçte Joanne ona bakmıştır. Joanne zamanını ve enerjisini kendine daha yenice kullanmaya başlamışken, bu telefon ile patlar ve arkadaşını kızgın bir şekilde, tüm bu desteklerine karşılık nankör ve bencil olmakla suçlar. Arkadaşı bu duruma çok şaşırır ve özür diler. Ancak daha sonra Joanne bu özrü arkadaşının gerçekten parazit olduğunun bir kanıtı olarak algılar ve bu onu daha da sinirlendirir.

Joanne hep diğerlerinin ihtiyaçlarına ayak uyduran Söz Dinleyen Teslimci modunda olmaya ve şema onaylayıcı tavırlar göstermeye çok alışkın. Durumlara olan tepkileri Boyun Eğme, Kendini Feda ve Statü Arama şemalarına dayanıyor ve bu da onu kendi ayakları üzerinde durmaktan alıkoyuyor. Ne zaman bir adım atsa, şema aşırı telafisi stratejisi olarak kızgın çocuk gibi bağırarak ve suçlayarak yapıyor. Joanne'nin aşırı tepkisi arkadaşını korkutur ve özürlerini daha sonra şemasının onayı olarak algılar. Ama Joanne'nin öfkesi haklı mıdır? Otomatik pilotta, arkadaşının aslında gerçekten ne kadar minnettar olduğunu unutur. Arkadaşı, onu her gün görmeye alışmıştır ve bu kadar uzun süredir niye konuşmadıklarını merak eder. Diğer kelimelerle, Joanne'yi suçlamak niyeti değildir onu sadece anlamak istemektedir.

Hepimizin şema başa çıkma stratejileri var ve her birimizin tercih ettiği bir stil var. Bu seansın bir kısmını Şema Başa Çıkma Ölçeğini (Ek 3-E) kullanarak, şema varlığını sürdürmekte başvurduğunuz stratejinizi belirlemek için kullanacağız.

Bu anketteki son puanınız şema başa çıkma stratejilerinizle ilgili bir içgörü sağlayacak. Bazı katılımcılar her strateji için eşit puan alır. Eğer böyle bir durum gerçekleşirse, stratejide özel olarak 5 ve 6 gibi yüksek puanlar verip vermediğinize bakın. Eğer öyleyse, bu strateji sizin seçtiğiniz şema başa çıkma stratejiniz gibi mi görünüyor? Eğer bu yaklaşımlardan ikisi de size net bir yanıt sağlamıyorsa, şema başa çıkma stratejilerinizi keşfetmek için bilinçli farkındalığı günlük olarak kullanmayı deneyin.

Temel kişisel başa çıkma stratejinizi belirledikten sonra, bunun geçmişte rol oynamış olabileceği bir durumu düşünmeye çalışın. Şemalarınız tetiklendikten sonra ana başa çıkma stratejinizi nasıl kullandığınızı gösteren farklı davranışlarınızı bulmaya çalışın.

Uygulama 4.1 Mindful Hokkabazlık*

- İki elinizde birer topla ayakta durun. Nefes alıp verişinizin farkında olun. Düşüncelerden veya başka nedenlerle dikkatiniz dağılırsa, bunu zihninize not edin ve farkındalığınız için kendinizi tebrik edin. Sonra nazikçe dikkatinizi nefesinize geri getirin.
- Farkındalığınızı giderek tüm bedeninize yayın. İki ayağınızın da yere sağlamca bastığını hissedin. Elinizde dönen topların neler hissettirdiğini fark edin. Bedeninizin farkında olun. Dikkatinizin dağıldığını fark ederseniz, fark edebilecek kadar dikkatli olduğunuzu takdir edin. Daha sonra nefesinizi beden farkındalığına dönmeden önce atlama taşı olarak kullanabilirsiniz. Bir sonraki adıma geçmeden önce bedeninizde iki dakika kadar kalın.
- Hazır hissettiğinizde, sağ elinizdeki topu yukarı ve daha sonra sola doğru, sol elinize doğru atın. Yere düşmeden önce, sol elinizdeki topu yukarı ve sağa doğru atın. İki topu da yakalamaya çalışın. Şimdi kendinizi kaptırıncaya kadar tekrar deneyin. Zaman zaman

* Bu uygulama ses kayıt dosyaları içerisinde bulunmamaktadır.

☞

bir topu düşüreceksiniz veya ikisi havada çarpışacaklar. Bu olduğunda nasıl tepki verdiğinize çok dikkat edin. Eğer utanırsanız, bu kusurluluk ve utanç şemanızın tetiklendiğinin bir göstergesi olabilir. Eğer kendinizi başkalarıyla karşılaştırmaya, kendinizi grubun diğer kalanıyla aynı anda yapmak için zorlamaya veya onları geçmeye çalışmaya başlarsanız o zaman muhtemelen Yüksek Standartlar ve aşırı eleştirellik modunuz etkin hale gelmiştir. Her zaman mindful nefes almaya ve nefesinizi yavaşça tüm bedeninize yaymaya ve daha sonrasında jonglörlüğe dönerek süreci en baştan başlatabilirsiniz. Bunu 10 dakika kadar uygulayın.

Yapma Modu

Uygulamayı olma-modunda tamamladıktan sonra kendinize gözlemlerinizle ilgili birkaç soru sorun. Gözlerinizi kapamak veya önünüzdeki bir noktaya odaklanmak cevap bulmanıza yardım edebilir.

- Bedeninizin hangi kısmında nefesiniz en çok fark edilebilir durumda? Nefes alıp verişinizin hızı, derinliği veya yeri değişiyor mu?
- Başka nelerin olduğunu fark ediyorsunuz? Daha başka neler?
- Bedeninizde neler oluyor? Hangi fiziksel duyumsamalar mevcut ve neredeler? Hangi duyguları hissediyorsunuz? Hangi şema ve modlar tetiklendi?
- Keyifsiz hislerden kurtulmak için ne yapmak istiyorsunuz?

Aşağıda grupta işlenmeyen iki ses kaydının metnini bulabilirsiniz.

Uygulama 4.2 Şema Bilinçli Farkındalığını Geliştirmek

Şemalarınızın ne zaman faaliyete geçtiğini bilin. Rahatsızken, savunmacıyken, üzgünken, dürtüsel iken veya endişeliyken bir şemanın tetiklenmiş olma olasılığı yüksektir. İlerleyen uygulama size bu anlarda yardım etmek için tasarlanmıştır:

- 30 - 60 saniye kadar nefesiniz ile ilgili bilinçli farkındalık içinde olun. Göbeğinize, göğsünüze veya nefesinizi en çok hissettiğiniz bölgeye odaklanın.
- Dikkatinizi içsel deneyiminize döndürün. İçeride nelerin olduğunun, sizi şu anda bu duruma sokan herhangi bir olayın, bir anının, düşüncenin bilinçli farkındalığı içinde olun.
- Şimdi nefesinize 30 ila 60 saniye için tekrar dönün. Göbeğinizin, göğsünüzün veya nefesinizi en çok hissettiğiniz bölgenin farkında olun.

Yapma-Modu

Yukarıdaki olma modu egzersizini tamamladıktan sonra kendinize gözlemlerinizle ilgili sorular sorun. Gözlerinizi kapatmak veya önünüzdeki bir noktaya yumuşakça odaklanmak size yanıt bulma konusunda yardım edebilir.

- Ne tür duygular deneyimliyorsunuz? Şu an en güçlü hisleriniz neler? Şemalar belirli duyguları tetikler: Terk Edilme şeması korkuyu doğurur; Duygusal Yoksunluk şeması üzüntüyü getirir, Güvensizlik ve Kötüye Kullanma öfkeyi çağırır. Hangi duyguları deneyimliyorsunuz? Bunlar tanıdık duygular mı, size geçmişteki durumları anımsatıyorlar mı? Nasıl oluşuyorlar? Ne kadar güçlüler? Bu hisler değişiyor mu? Bedeninizde nerede kalıyorlar?
- Ne düşünüyorsunuz? Şimdi olanlar hakkında kendine ne diyorsunuz? Durumdaki rolünüzü nasıl yorumluyorsunuz?

Veya diğer kişinin rolünü? Düşünceleriniz sizi (yürüyüp gitmek, sinirlenmek veya uzaklaşmak gibi) doğru şeyi yaptığınıza dair nasıl ikna etmeye çalışıyor?

- Durum size herhangi bir şey hatırlatıyor mu? Ne tür anılar aklınıza geliyor? Daha önce hiç benzer deneyimleriniz oldu mu? Geçmişinizden belirli olayları anımsatıyor mu?
- Bu güncel olay geçmiştekine nasıl benziyor? O zaman da aynı şekilde mi davranmıştınız? Şemalarınızı hatırladınız mı? Eğer öyleyse, hangilerini? Şimdi ben yavaşça 3'e kadar sayacağım, sonrasında gözlerinizi açabilirsiniz. Yapma-moduna dönmeden önce, varlığınızın ve etrafınızdaki dünyanın farkında olmak için biraz zaman ayırın ... 1 ... 2 ... 3.

Öneri

- Ne zaman dikkatiniz dağılırsa, nefesinize odaklanın. Bedensel nefesinizi nerede hissettiğinizin farkında olun. Bunu yerleştirdiğinizde, farkındalığınızı dikkatiniz dağılmadan hemen önce neyle ilgili bilinçli farkındalık içindeyseniz ona doğru genişletin.
- Yukarıdaki uygulamayı aynı zamanda içinde bulunduğunuz modun farkında olarak da uygulayabilirsiniz. Eğer kendinize veya başkalarına karşı öfke veya olumsuz düşünceler deneyimlerseniz, Cezalandırıcı Ebeveyn moduna girmiş olabilirsiniz.
- Bir durumu Mindfulness ile gözlemlemeye çalışırken, dikkatinizi oldukça fazla kaybettiğinizi fark edebilirsiniz. Duygularınızın kuvvetlendiğini veya zayıfladığını da fark edebilirsiniz. Bunların tümü normaldir. Bu sadece şemalarınızın işleyişte olduğu ve sizin dikkatinizi dağıtmaya çalıştıkları anlamına geliyor. Dolayısıyla bunun olabileceğini fark edin. Şemalarınız bunu yaparken derinlemesine düşünmek için birkaç saniye ayırın ve daha sonra Sağlıklı Yetişkin modunun koruyucu ve kabullenici tavrı ile yapıyor olduğunuz şeye dönün.

Uygulama 4.3 Şemalarınızı Tanımak

- Nefesinizin farkında olun. Nefesinizi nerede hissediyorsunuz? O alana odaklanın. Belki göbeğinizin her kalkış ve inişinde onun ritmine konsantre oluyorsunuzdur. Veya belki de burnunuza girip çıkan havaya yoğunlaşmışınızdır. Nefesinizi en çok nerede hissettiğinizi bulun ve onu her nefesin bilinçli farkındalığı içinde olmak için kullanın.
- Hazır olduğunuzda, dikkatinizi son zamanlarda zihninizi meşgul eden hatıraya yönlendirin. Şu anda hissettiğiniz tüm bedensel duyumsamaların, hislerin ve düşüncelerin bilinçli farkındalığı içinde olun.
- Şimdi tekrar nefesinize odaklanın. Vücudunuzda en çok mevcut olduğu bölgenin farkında olun.

Yapma-Modu

Yukarıdaki uygulamayı olma modunda tamamladıktan sonra, kendinize gözleminizle ilgili sorular sorun; "mindful" olurken nelerin farkına var-dınız? Gözlerinizi kapamak veya hafifçe bir noktaya odaklanmak yanıt bulmanıza yardım edebilir.

- Kendinize duruma uygunsuz tepki verip vermediğinizi sorun. Diğer kişiler de aynı şekilde mi yanıt verirdi? Sizin hareketinizin çevrenizdeki insanlar üzerinde ne gibi bir etkisi oldu? Eylemleriniz duygularınızı kuvvetlendirdi mi? Fazla tepki göstermeye devam ettiniz mi yoksa geri mi çekildiniz? Eğer tepkileriniz, düşünceleriniz ve hisleriniz biraz daha farklıysa veya Sağlıklı Yetişkin modunda deneyimlediğinizden daha yoğunsa, etkin bir şemaya girmişsinizdir.
- Şemanızı ne tetikliyor? Örneğin gruptan dışlanmış mı (Sosyal İzolasyon ve Yabancılaşma şeması) hissettiniz? Sanki siz diğer insanlar kadar iyi değilmişsiniz ve hep her şeyi karıştırıyormuşsunuz gibi mi hissettiniz (Başarısızlık şeması)? Belki de bir randevuyu kaçırdınız, bir şeyi evde unuttunuz, hazırlanamadınız veya dışarıya çıktınız ve gereksiz bir sürü şey aldınız (Yetersiz Özkontrol / Özdenetim şeması) Her şema kendi tetikleyicisine sahiptir.

Eğer bir durumun nasıl ortaya çıktığının farkında olursanız -ne hissediyorsunuz, düşünüyorsunuz ve yapıyorsunuz- o zaman bu size neyin sizi tetikliyor olabileceğini anlama konusunda yardım eder.

- O anda ne hissediyordunuz? Duygularınız bedeninizin neresinde en güçlü hissedildi? Her şema ilişkili bir duyguya ve vücutta bir bölgeye sahiptir. Bu nedenle şemalarınızın duyguları nasıl ve nerede ortaya çıkardığının farkına varmayı öğrenebilirsiniz.
- Aklınızdan neler geçiyordu? Örneğin: Birisinden ilgi beklerken o kişiyi incitme veya kendi haklarınızı savunurken diğerlerinin hakkını ihmal etme konusunda endişeli miydiniz (Boyun Eğme şeması)?
- Düşünceleriniz, hisleriniz ve davranışlarınız nereden geliyor? Örneğin: Bir arkadaşınızla incinmiş ve yaralanmış hissettiğinizi paylaşamıyorsanız (Kusurluluk/Utanç şeması), bu çocukken ürkek veya duygusal olarak hassas olduğunuz için zorbalığa maruz kaldığınızdan olabilir. Ben şimdi yavaşça 3' kadar sayacağım, 3'ten sonra gözlerinizi açabilirsiniz. Yapma-moduna dönmeden önce, varlığınızın ve etrafınızdaki çevrenin farkına vararak birkaç dakika geçirin ... 1 ... 2... 3.

Ödev

- Ödev: Günlük Mindfulness (Ek 3-A)
- Ödev kağıdı: Şema Bilinçli Farkındalığını Geliştirme (Ek 3-C)
- Ödev kağıdı: Özet yazma (Ek 3-D)
- Ses kaydı egzersizleri: Beden Tarama (1.1), Şema Bilinçli Farkındalığını Geliştirme (4.2), Şemalarınızı Tanıma (4.3)
- Seans 4'ün metnini oku.

Seans 5 İzin Verme ve Olanı Kabul Etme

Sağlıklı Yetişkin Modu ve Mutlu Çocuk Modunda Tepki Verme

Bazı olayları kabul ve farkındalık ile ele almak zorlayıcı olabiliyor özellikle, şemalarımızın tetiklendiği ve uyum bozucu modda olduğumuz zamanlarda. Otomatik pilot olayları kolaylıkla daha hiddetlendirebilir. Bu nedenle, şema ve modlara karşı ihtiyatlı olmak önemlidir. Açık ve kabullenici bir bakış açısına sahip olmak eşit derecede önemlidir. Sağlıklı Yetişkin ve Mutlu Çocuk, bu tür bir zihin çerçevesinde başarıyla ortaya çıkabilir. Her birimiz Sağlıklı Yetişkin ve Mutlu Çocuğu içimizde taşıyoruz ancak, gelişimleri hayat deneyimlerine bağlı. Eğer Sağlıklı Yetişkini elverişsizce örnekleyen ve sağlıklı sınırları yetersiz bir şekilde veren rol modelleri ile büyüdüysek, bir tarafımız yeterince iyi gelişmiş olmayacaktır. Çocukluğumuzun büyük bir bölümünü tetikte ya da bir başkasıyla ilgilenerek geçirmişsek, kendimizi özgür ve neşeli hissetmeyi yadırgayabiliriz. Bu da, Mutlu Çocuk modunda yaşamayı zorlaştırır.

Eski şema düşünce ve davranışlarınızı arkada bırakmanın ilk adımı, olanı kabul etmektir. Şema kaçınması, teslimi, ya da aşırı telafisi ile tepki vermektense, yalnızlığınızla ve korkularınızla yüzleşmek kaçınılmazdır. Kızgınlığınıza ve dürtüselliğinize sınır koyun ve onları kabul ve kararlılıkla bu ilkeyi sürdürün. Kendinize hata yapma, her zaman mükemmel için gayret etmeme iznini verin. Diğer kişilerin kusurlu olmalarına ve kendi halleri içinde tepki vermelerine hak verin, sizin nasıl olmalarını istediğinize değil. Kendinize eğlenme iznini verin. Tüm bunları mindful yapın: Değişimin zaman aldığı ve umduğunuzdan farklı bir şekilde gelişebileceği gerçeğinin farkında olun.

Frank'in belirtilen şemalarla sıkıntısı vardır: Güvensizlik ve/veya Kötüye Kullanılma, Kusurluluk/ Utanç ve Yetersiz Özdenetim/Özdisiplin. Hayat, ona insanların kaçınılmaz olarak ihanet edeceğini ya da ondan yararlanacağını öğretti. Ağabeyinin doğum günü partisinde ona yabancı bir kişi yaklaşır. Kendini anında adamın niyetinden şüphe ederken bulur. "Niçin birisi benimle ilgilensin ki?" diye düşünür. Frank, artan kaygısının, bira için susamışlığını kışkırttığını fark eder ve bu onu üzer. Kendine kızgınca "İçmek gibi bir seçeneğin artık yok. Meseleleri büyütmeyi kesme vaktin geldi" der. Yabancı ile olan diyalog daha da garipleştikçe, gerginliği ve kuruntulu durumu gitgide artar.

Yukarıdaki, bir şema tetiklendiğinde ne olabileceğini sergiliyor. Başarısız bir etkileşim için gerekli olan tüm malzemeler burada: İçme dürtüsü, duygusal olarak talepkâr ebeveyn sesi ve gitgide garipleşen diyalog. Frank işleyen şema ve modlarının farkında olmaya başladığında, aşağıdaki olay meydana gelir:

Frank, şema ve modlarının etkinleştiğini fark eder. İzin ister ve tuvalete doğru gider. Ne olduğunu bilinçli farkındalıkla gözlemlemek adına nefes alma alanı için birkaç dakika kullanır. Bu onu otomatik pilottan çıkarır ve olay hakkında ona daha geniş bir bakış açısı verir. Kendine, kendi sınırlarına saygı duyduğu sürece, geçmişte yaşadığı olumsuz deneyimlerin bugün kendilerini tekrarlamak zorunda olmadığını, kendisini kaygılı ve güvensiz hissetmenin sorun olmadığını, bir içki içmenin normal olduğunu hatırlatarak Sağlıklı Yetişkin moduna geçiş yapar. Frank partiye döner ve yabancı kişiye katılır. Karşılıklı olarak anlayış ve kabul ortaya çıktıkça, sohbetleri yavaş yavaş canlanır.

Sevdiklerinizle Mindful Etkileşim

Eşlerinizle, arkadaşlarınızla ve akrabalarınızla olan tartışmalar, her iki tarafın birbirini birinin haklı, diğerinin haksız olduğunu ikna etme yönünde sonu olmayan tartışmalara dönüşebilir. Bu sakin bir konuşma ya da bağırma ve küfür etme; veya hatta itiş kakış şeklini alabilir. İnsanların anlaşmazlığa bir başka şekilde tepki verme şekli ise geri çekilme, memnuniyetsizliği soğuk bir sessizlikle ifade etmedir. Çoğu tartışma sadece şimdiki durumla ilgili olmaktan öte geçmiş yaralanmalar ile ilgili hassas konuları içerir. Eski yaralar mutlaka şimdiki sevdiklerimiz tarafından oluşturulmuş olmasa da, yine de şimdiki ilişkiler tarafından yeniden kanatılmıştır.

Evelyn, erkek arkadaşı George'u akşam saat 6:00'dan beri beklemektedir. Romantik bir akşam için hazırlanmış, özel bir yemek için çok çaba harcamıştır. İleri geri adım atıp, evde ortalığı toplarken kendini kaygılı hisseder. Bedeninde gerginlik hisseder. Saat altıda evde olacağına söz vermiş olmasına rağmen saat 6:45'tir ve George hâlâ orada değildir. Kendi kendine homurdanmaya başlar ve gerginliği kızgınlığa dönüşür. George nihayet 7:30'da geldiğinde, Evelyn çok kızgın ve hayal kırıklığına uğramış bir halde "Unut bunu!" diye çıkışır ve yatak odasına doğru gider. Patronu tarafından geç vakte kadar çalışması talep edilen George, Evelyn'nin bu davranışından rahatsız olur. İlkin, ek mesai baskısına maruz kalmıştır, şimdi bir de üzerine kız arkadaşı onun üzerine geliyordur. Onu yatak odasına doğru izler ve sonuçta olay tartışma ile sonuçlanır.

İlk bakışta Evelyn'nin sadece tutulmayan bir söze karşın bozulduğu, George'un da diğerlerine karşı sorumluluklarından bunalmış olduğu görünmektedir. Ancak, meydana gelen şey aslında daha fazladır. Evelyn ve George sakinleştikten sonra, ne olduğuna ve hangi şemalarının tetiklendiğine ilşkin mindful bir şekilde tartışmaya başlarlar. Evelyn bir patlama yaşadığını hissetmiştir (Duygusal Yoksunluk), George ise yine diğerlerinin ihtiyacını karşılamak durumunda olduğunu hissetmiştir (Boyun Eğme).

Eğer siz ve eşiniz, arkadaşınız ya da akrabanız, tartışma sırasında ara verir ve birbirinize hangi şemalarınızın tetiklendiğini farkındalık ile gözlemlemek için olanak tanırsanız, anlaşmazlıktaki artışı önleyebilirsiniz. Buna ek olarak; Sağlıklı Yetişkin bakış açısına geçmek, şemalarınıza karşı meydan okuma becerinizi geliştirecektir. Şemalarınızın oluşmasına neden olan geçmiş yaşantılarınızın tekrarlanmasına gerek yoktur. Bu gerçeği fark etmek sizin, onları aşmanıza yarayacaktır.

Uygulama 5.1 Üç Dakikalık Şema Bilinçli Farkındalığı

Gözlem yapmak, açık olmak ve deneyiminizin gerçekleşmesine olanak vermek (eninde sonunda) kendinize ve diğerlerine karşı kabul hissine neden olacaktır. Ama bunu söylemek yapmaktan daha kolaydır. Dünyayı algılayış biçiminiz öyle uzun süreler boyunca şemalar tarafından şekillendirilmiştir ki, alternatif bakış açıları erişimin dışındadır. Bu da, otomatik pilotun düzenli ve oldukça kolay bir şekilde üstün gelmesi demektir. Mindfulness, otomatik pilottan dışarı çıkmanın anahtarıdır. Mindful yaşam, ani tepkiler olmaksızın; daha bilinçli ve istemli hareketlere yer açar.

- Nefes alışınızın bilinçli farkındalığı içinde olun. Her nefes alışınıza ve her nefes verişinize dikkat verin. Nefesin bedenin neresinde hareket ettiğinin hissini fark edin. Nefeste olan farkındalığınızı, zihninizden gelen ve geçen düşüncelere doğru genişletin.
- Düşüncelerinizin sansürlemeden ortaya çıkmalarına izin verin. Düşüncelerinize karşı daha fazla hoşgörülü oldukça, varlıklarını kafanızdaki güvenli bölgede daha da kabul edebilir, şemalarınıza daha da yakınlaşabilirsiniz. Her düşüncenin ortaya çıkışına izin verin ve onu yeni bir tanışıklık gibi inceleyin. Neye benzediği ya da nasıl duyulduğu önem teşkil etmiyor. Hiç kimse sizi yargılamıyor ya da

ayıplamıyor. Bunlar kafanızın içinde tezahür eden düşünceler. Eğer bir duygu ortaya çıkarsa, onları da aynı şekilde kabul edin.

- Tüm düşüncelerinizin ön planda oluştuğunu ve arka planda kaybolduğunu izlerken, nefesinizin farkında olun.

Yapma-modu

Aşağıdaki egzersizi tamamladıktan sonra, kendinize gözlemleriniz hakkında sorular sorun: Mindful olduğunuz sırada ne fark ettiğinizi... Gözlerinizi kapatmak veya yumuşak bir bakışla boşluğa doğru bakmak yanıt bulmanıza yardımcı olabilir.

- Düşünceleriniz nesnel bir gerçeklik içeriyor muydu? Herhangi bir duygu kendini gösterdi mi? Başka ne yaşadınız? Herhangi bir şemayı fark ettiniz mi? Modunuzu belirlediniz mi?
- Nefes alışınızın bilinçli farkındalığını yaşayın. Kendinize hafif ve yumuşak bir ses tonu ile sesleneceksiniz. Sağlıklı Yetişkin olmayı ve daha önce gözlemlediğiniz şemalara karşı konuşmayı deneyin. Terkedilme, kötüye kullanılma, ya da yalnızlık gibi duygulara şefkat ve nezaket ile yaklaşın. Öfke ve dürtüselliğinize sınır koymakta sakin olun. Taleplerinizden ve kendinizi ve diğerlerini kontrol veya cezalandırma ihtiyacınızdan sıyrılın. Eğer kendinizi canlılığınızı yitirmiş, ya da şemalarınız tarafından üretilen duygu ve düşüncelerin akıntısında bulursanız, dikkatinizi tekrar nefese yöneltmede nazik, ancak, kararlı olun. Şimdi yavaşça 3'e kadar sayacağım, sonrasında gözlerinizi açabilirsiniz. Yapma-moduna dönmeden önce , kendinizin ve şu an içinde bulunduğunuz çevrenin farkında olmak için birkaç dakika alın ... 1 ... 2 ... 3.

Uygulama 5.2 Kendinize ve Ötekilere Karşı Mindful Kabul*

Şema ve modlarınızı tanımayı arttırmaya yönelik olan Mindfulness uygulamaları ile birlikte düşüncelerinize meydan okumak ya da şemalarınıza karşı çıkmayı öğrenmek ve deneyimleyip alıştırma yapmak da bir o kadar önemlidir. Bu çok zor olabilir. Şema ve modlarınızı destekleyen (olumsuz) olayları belirlemek, desteklemeyenleri belirlemekten çok daha kolaydır. Güvensizlik ve/veya Kötüye Kullanılma şeması olan birisi, bir kasiyerin biraz bozuk parayı cebine koyduğunu gördüğünde hemen insanların dürüst olmadıklarını ve güvenilmez olduklarının sonucuna varacaktır. Ancak aynı kişi, arkadaşı ile özel bilgilerini paylaşıp ona sırrını açtığını ama arkadaşının bu konuları kendine sakladığını, sırrını sakladığını hemen unutacaktır. Şema kaçınmasına karşı koyma stratejilerinin alıştırmasını yapmak için, bir sonraki egzersiz, şemaları geçersiz kılan, aslında olumlu ve yapıcı olan düşünceler üzerine bilinçli farkındalıkla derinlemesine düşünmeyi içerecektir. Örnekler basit gündelik yaşam olaylarından alınabilir. Örneğin: Birisine "Hayır" dediğiniz ve o kişinin sizin düşüncenize saygı duyduğu ve hatta kendi ayaklarınızın üzerinde durduğunuz için size iltifatta bulunduğu zamanlar... (Bu, Başkaları Yönelimlilik ve Statü Arayıcılık/Kabul Arayıcılık şemalarını geçersiz kılacaktır). Aşağıda çeşitli şemalara yönelik olumlu, yapıcı ve kabullenen düşüncelere çeşitli örnekler verilmiştir.

Şemalara yönelik daha olumlu ve kabullenici yaklaşım örnekleri

- *Duygusal Yoksunluk*: "Her ne kadar diğerleri beni desteklemese ve duygusal ihtiyaçlarımı ihmal etseler de, aslında insanların beni desteklediği ve ihtiyacım olan onayı verdikleri zamanlar da oldu. Ne zaman ilgiye ve teşvik edilmeye ihtiyacım olsa, basitçe bunu arkadaşça, sakin ve dolaysız bir yolla isteyebilirim. Anında bir doyum talep etmeme gerek yok. Her zaman yanımda beni seven insanlar olacak."
- *Yüksek Standartlar / Aşırı Eleştirellik*: "Hata yapmaya hakkım var. Sadece elimden gelenin en iyisini yapabilirim ve bu da yeterlidir. Diğerlerinin de hata yapma hakları vardır. Eğer kimse hata

* Bu uygulama ses kayıt dosyaları içerisinde bulunmamaktadır.

yapmasaydı, robotlardan bir farkımız olmaz, insaniyetimizden yoksun kalmış olurduk."

- *Yetersiz Özdenetim/Özdisiplin*: "Her ne kadar gündelik işleri yapmayı sevmesem de, görevlerimi yapmam önemlidir. Böylelikle yolumun üstüne problemler çıkmaz. Nasıl olsa uzun vadede bundan yarar göreceğim. Beklemem gerekse bile."

Modlara yönelik daha olumlu ve kabullenici yaklaşım örnekleri

- *Söz Dinleyen Teslimci:* "Her zaman diğerlerine uymak zorunda değilim. Kendi ihtiyaç ve arzularım var. İnsanlar, kendimi gözettiğim zamanlar bunu sevmeyebilir. Ama bu sorun değil. Çoğu insan, kendi ihtiyaçlarımı ve isteklerime değer verişimi tamamen normal bulacaktır.
- *Kopuk Korungan:* "Kendimi dünyadan soyutlayarak kendime zarar veriyorum. Kendimi kırılgan olduğum anlarda korumanın daha iyi bir yolu; güvendiğim insanlarla temas kurmak ve onlara zarar gördüğümün bilgisini vermektir. Bu yolla, duygusal destek alma ihtimalim çoğalacak ve kendimi daha iyi hissedeceğim.
- *Kendini Yüceltici:* "Edindiğim başarılardan gurur duymamda ve arada sırada kendimin bir şeyde diğerlerinden daha iyi olduğumu düşünmemde sorun yok. Ama bunu gerçekliğe dayandırmam da önemli. Bir şeyde iyi olmak beni daha üstün bir kişi yapmaz. Başka kişilerin de edindikleri başarılar için fark edilmeleri gerekir. Diğerlerinin gurur duymalarını sağlayarak onlara örnek olabilirim."

Yapma modu

- Temel şema ve modlarınıza bağlı kalarak, kendiniz için işe yarayabilecek bazı olumlu, kabullenici düşünceleri ek olarak bulun. Her bir şema ve modunuz için üçer tane yapıcı fikir not edin. Size yakın olan birisinden olumlu ve yardımcı düşünceler bulma konusunda yardım istemekten çekinmeyin.

Öneri

- Bazı kişiler düşüncelerini yazıya dökme ihtiyacı duyar. Bunu yapmak için güvenli bir ortama ihtiyaç duyabilirler. Basitçe, yatak odanız, çalışma odanız gibi kendiniz olabileceğiniz bir yer ve zaman seçin. Başlamadan önce, nerede yazmayı planladığınıza ve bu yazıları nerede saklamak istediğinize bilinçli olarak karar verin.
- Kendinizi her gün yazmaya zorlamayın. Mindful bir şey yazıp, yazmamaya (veya aklın varlığını gerektiren herhangi başka bir etkinliği yapmaya) karar verin. Zihninizde kaygılarınız varsa, kararınız hakkında daha fazla bilinçli farkındalık içinde olun.
- Birisine sesleniyormuş gibi yazmayın. Bunu yapmak, düşünce özgürlüğünüzü kısıtlayabilir, kendi sözcüklerinizi tutmanıza ya da sansürlemenize neden olabilir. Her şeyin serbestçe girip çıkması için özgür olmak istersiniz.

Ödev

- Ödev: Günlük Mindfulness (Ek III-A)
- Ödev kağıdı: Beş Faktörlü Mindfulness Ölçeği (Ek III-B)
- Ödev kağıdı: Şema Bilinçli Farkındalığı Geliştirmek (Ek III-C)
- Ödev kağıdı: Özet Yazma (Ek III-D)
- Ses kayıt uygulamaları: Beden Tarama (1.2), Üç Dakikalık Şema Bilinçli Farkındalığı (5.1)
- Uygulama: Kendine ve Diğerlerine Karşı Mindful Kabul (5.2)
- Seans 5 için olan metni okuyun.

Seans 6 Şemalar: Olgu ya da Kurgu?

Yaşamımız boyunca oluşan şemalarımız; dünyayı, diğer insanları, kendimizi, bedenimizi, duygularımızı ve hareketlerimizi nasıl algıladığımızı belirler. Çocukluk dönemindeki ihmal bizlere insanların kendi gereksinimleri için endişelendiklerini, fakat bizim gereksinmelerimiz için yeterince endişelenmediklerini öğretir. Ve bu nedenle diğerlerine bel bağlamamayı öğreniriz. Güvensizlik ve/veya Kötüye Kullanılma şemaları olan bizler, belirsiz olaylardan, tehdit ediciymiş gibi anlam çıkarır, ya da karındaki kelebeklenme veya boyundaki gerginlik gibi fiziksel duyuları kötü bir şey olacağına dair işaret gibi yorumlarız. Üzüntü bizi yalnızlık ve boşluk hisleriyle bırakır.

Geçmiş, bizi şemalarımız üzerinden sık sık ziyaret eder gibi gözükür. Fakat geçmiştekiyle aynı güçlü duyguyu deneyimlemek, mutlaka aynı olayları deneyimliyor olduğumuz anlamına gelmez. Bunlar sadece fikirlerdir; kendimizin biraraya getirdiği sözcük kümeleridir. Eğer düşünceleri gerçekler gibi görme hatasını yaparsak, aşağıda tanımlanan çeşitli senaryoları yaşamaya eğilimli oluruz:

- Kendini ve diğerlerini mütemadiyen yargılayan, katı, talepkâr ve cezalandırıcı bir kişi, sürekli olarak kızgınlık ve gücenme hisleriyle mücadele eder.
- Dünyayı siyah ve beyaz olarak gören, sadece uçlarda düşünen bir kimse, kendisini sürekli olarak hayal kırıklığına uğramış ve mutsuz hisseder.
- Her zaman mükemmellik bekleyen, hatayı ya da acıyı hoşgöremeyen bir kimse, tekrar tekrar başarısızlık, yetersizlik ve utançla karşı karşıya gelecektir. Gerçek şu ki, etkili bir şekilde işlev göstermek veya değerli hissetmek için mükemmellik gerekmez.

- Sürekli olarak özür dileyen bir kimse kendini savunmak, diğerlerine uyum sağlamak ve diğerlerinin önünde eğilmek için kendini baskı altında hisseder. Gerçekte ise, diğerlerinden kabul almak için her hareketimiz adına özür dilememiz gerekmez.
- Sürekli olarak her hareketini açıklayan ve haklı çıkaran bir kimse, eleştiriye her defasında yanıt verilemeyeceğini unutur, ki bunu yapmaya ihtiyacımız da yoktur. Eleştiriyi önlemeye yönelik en iyi çabalarımıza karşın, kimse eleştirilmeden bir yaşam geçirmez.
- Bir şeyler yolunda gitmediğinde başkalarını suçlamamız sadece onları yaşamlarımızdan uzaklaştırmaya yarar. Ve diğerlerine parmak sallamak, bizi kendi noksanlığımız için daha az eleştirel yapmaz. Gerçek şu ki; mükemmel insan diye bir şey yoktur. Herkes hata yapar.
- Her zaman en kötü olasılığı beklemek gerçekçi bir inanç değildir. Evet, gelecek belirsizdir, fakat bu en kötünün meydana geleceği anlamına gelmez.
- Gergin, üzgün, kızgın ya da korkmuş hissetmek, o his için her zaman bir neden olduğu anlamına gelmez. Örneğin, kaygınızın yaklaşan bir tehlike ile ilgili olduğunu sanmak sizi sadece daha fazla kaygılandırır. Soğukkanlı olup, potansiyel sorunlarla yüzleşmek yerine, "donmanıza" (ne yapacağınızı bilememenize) neden olur.
- Sürekli olarak üretkenlik arzusu içinde olma sadece stres ve düş kırıklığına yol açar. Hayatta, oldukça az şey gerçekten eylemimizi gerektirir; diğer her şey için bir seçimimiz vardır.
- Bir şeyler yanlış gittiğinde pireyi deve yapmak, başarısızlık ve yenilmişlik hissine neden olabilir. Evet, bir şeyler her zaman

bizim isteğimiz yönünde gitmeyebilir fakat bu her zaman bir felaket değildir.

- Eleştirildiğimizde savunmaya geçmek, genellikle kişisel olarak saldırıya uğramış hissettiğimiz anlamına gelir. Sanki bizim esas kimliğimiz saldırıya uğramıştır. Ancak, diğerleri sadece yapıcı eleştiri sunuyor olabilir. Her halükârda, nasıl davranacağımız hep bizim elimizdedir.
- Bazı insanlar hoş olmayan olaylara karşı, geçmişteki olumsuz olayları hatırlayarak tepki verir. Bu düşünce biçimi olumlunun filtreden geçmesine izin vermez. İnsanlar, geçmiş ve şimdiki zamandaki keyifli deneyimlerini gözden kaçırır, yaşamları ve geleceğe ilişkin beklentileri olumsuzluk ile lekelenir.
- Dünya görüşümüzün doğru olduğunu varsaymamıza rağmen, genellikle bu önemli derecede çarpıtılmıştır. Bu da olayları her zaman kişisel deneyim üzerinden ya da bir başka deyişle şemalar ve modlar üzerinden yorumlanmasındandır. Salt nesnellik mümkün değildir. Bu da, yanlış yorumlamayı kaçınılmaz kılan insanlık halimizin bir sonucudur.

Aşağıdakileri hatırlayın:

- Şemalar hakikat, gerçek olgular değildir. Onlar olumsuz önermelerdir. Şemalar bizim yazdığımız ve bizim değiştirebileceğimiz hikayelerdir.
- Bizi rahatsız eden birçok şey, herkesin sık sık baş ettiği konulardır. Olumsuz olaylar, genellikle şemalarımızın onları soktuğu durum kadar kayda değer değildir.
- Başarı, zafer ve mükemmellik için sonsuz mücadeleyi bırakmaya çalışın. Bunlar sizi rahatlamadan ve diğer insanlarla etkileşimlerinizden keyif almadan yoksun bırakır.

- Şemalar gelir ve giderler. Otomatik olarak hem belirip, hem de ortadan kaybolduklarını aklınızda bulundurun. Kendiliğinden tepkileri bilinçli farkındalık içinde olarak önleyin ve bir tepki belirlemek için kendinize zaman verin.
- Şemalar kendini gerçekleştiren kehanetler gibidir. Değişime doğru giden ilk adım düşüncelerinizin, hislerinizin ve hareketlerinizin (ve diğerlerinin) örüntülerini farkındalıkla tanımaktan geçer. Şemalarınıza olan bağlılığınızı bıraktığınızda, kendinize zarar verici davranışları sürdüren örüntüleri kırıp üstesinden gelmeye başlarsınız.

Niyetten Eyleme

Bir şemanın tetiklenmesi sırasında eyleme karar verme ile onu izleyen davranış arasında bir saniyeden küçük bir zaman geçer. Genellikle, davranışı yapma niyetimiz ile davranışı sergileme arasında geçen kısa anların farkında değilizdir. Tepkimiz otomatikmiş gibi gözükebilir, bilinçdışıdır.

Veronica ve komşusu apartmanın asansöründedir. Veronica genç adamın, sigara izmaritini yere attığını farkeder. Bunu kabul edilemez bulur; insanlar çöplerini her zaman uygun bir yere atmalıdır (Yüksek Standartlar / Aşırı Eleştirellik şeması). Herhangi bir karşı karşıya gelme şeklinden korktuğu için (Boyun Eğme şeması), genç adamla bunu konuşmaya tereddütlüdür. Yine de konuyu konuşmaya karar verir. Kibarca, üstü kapalı bir katılık ile, "Lütfen sigaranızı alıp çöpe atar mısınız?" der Veronica. Komşu sert bir şekilde tepki verir; ona sigarayı kendisinin yerden alıp, kendisinin çöpe atabileceğini söyler. Veronica hemen özür diler. Asansörden ayrıldıklarında ise sigara izmariti hâlâ yerdedir.

Bu olay, Veronica ve komşusuna Mindfulness adına çeşitli olanaklar sunuyor; hemen harekete geçmektense, niyetlerini yansıtabildikleri anlar gibi. Bilinçdışı tepkilerinin sonucunda, sigara izmaritinin yerde kalışıyla birlikte ikisi de rahatsızlık hissiyle kalıyor. Bu örnekte, hangi potansiyel Mindfulness anlarını belirleyebilirsiniz? Geçmişteki bir olaya ilişkin kendinize aynı soruyu sorun.

Uygulamalar

Uygulama 6.1 Bilinçli Farkındalık Niyetiyle Yürüyüş

Seans 3'teki yürüme egzersizi niyetinize yani davranıştan önce gelen fikir veya amaca ilişkin farkındalık geliştirmenize yardımcı olacaktır. Uygulamanın bu versiyonu farkındalık niyetine daha da çok vurgu yaparak, bilinçdışı tepki vermekten çok, durmanıza ve seçenekleriniz üzerine derinlemesine düşünmenize yol açar. Bu egzersiz iç veya dış mekanlarda yapılabilir.

- İleri geri yürümek için yeterince alanın olduğu bir yer bulun.
- Bacaklarınızı biraz esnetecek şekilde dizlerinizi hafifçe bükerek durun. Ayaklarınızı birbirinden 10-15 cm ayrı tutun. Serbestçe kollarınızı iki yana bırakın ve bakışınızı yumuşak bir şekilde önünüze odaklayın.
- Dikkatinizi ayaklarınızın tabanlarına verin ve yer ile teması hissedin. Bacaklarınızdan ve ayaklarınızdan yere doğru geçen beden ağırlığınızı fark edin. Dizlerinizi bükmek üzeresiniz, ancak önce ortaya çıkan dizlerinizi kırma niyetini dikkatle izleyin. Daha sonra dizlerinizi birkaç kez bükün, bacaklarınızdaki ve ayaklarınızdaki hareketi hissedin ve her hareketten önce niyetiniz üzerine derinlemesine düşündüğünüze emin olun.
- Sıradaki her bir hareket için, hareket etme niyetinizin ve ardından oluşan her bir eylemin farkında olun.
- Hazır olduğunuzda, bedeninizin ağırlığını sağ bacağınıza verin.

Ağırlığınızın büyük bir bölümünü destekleyen bacaklarınızdaki ve ayaklarınızdaki yeni duyumsamayı ve sol bacağınızın daha hafif hissedişini fark edin.

- Sol topuğunuzu yerden kaldırın ve baldırınızdaki kasların hafifçe gerilişini hissedin.
- Sadece ayak parmaklarınız yere değecek şekilde sol ayağınızı yavaşça yukarı kaldırın. Bacaklarınızdaki ve ayaklarınızdaki değişen duyumsamaların farkında olun.
- Şimdi sol ayağınızı kaldırın ve dikkatlice ileri hareket ettirin.
- Topuğunuzu önünüzde yere koymadan önce, bacağınızın ve ayağınızın havada süzülme hissinin farkında olun.
- Bedeninizin sol tarafına ağırlığınızı vermeye başlarken, ayağınızın tamamını aşağı indirin.
- Şimdi sol bacak ve ayağınızın, bir sonraki adımı sağ ile almaya hazırlanırken nasıl ağırlaştığını hissedin.
- Sıradaki her bir hareket için, hareket etme niyetinizin ve ardından oluşan her bir eylemin farkında olun.
- Sol ayağınız tarafınızdan desteklendiğinizde, sağ ayağınızı yerden kaldırın ve yavaşça ileri hareket ettirin.
- İleri doğru hareket ederken, bacağınızdaki ve ayağınızdaki değişen duyumsamaların farkında olun.
- Sağ topuğunuz yer ile temas ederken onun farkında olun.
- Sağ ayağınız yere dümdüz yerleştiğinde, ağırlığınızı bedeninizin bu yönüne verin.
- Bacaklardaki ve ayaklardaki sürekli değişen duyumsamalara karşı bilinçli farkındalık içinde kalın.
- Sıradaki her bir hareket için, hareket etme niyetinizin ve ardından oluşan her bir eylemin farkında olun.

- Etrafta yürümeye başlayın.
- Her bir adımın farkında olun, sürekli dikkatinizi hareket eden bacak kaslarınızı ve yere değen ayak tabanlarınızı hissetmeye verin.
- Sıradaki her bir hareket için, hareket etme niyetinizin ve ardından oluşan her bir eylemin farkında olun.
- Dönüş yaparsanız ya da dönüş yaptığınız sırada bedeninizin yön değiştirirken yaptığı karmaşık hareketler dizisini takdir edin, ardından yürümeye devam edin.
- Sıradaki her bir hareket için, hareket etme niyetinizin ve ardından oluşan her bir eylemin farkında olun.
- Gidip dönerek yürümeye devam edin, bacaklarınızdaki ve ayaklarınızdaki duyumsamaların olabildiğince farkında olun.
- Başınız dimdik iken, yumuşak bakışınızı koruyun.
- Dikkatinizin yürüme deneyiminden uzaklaştığını fark ettiğinizde, bacak ve ayaklarınıza yönelik farkındalığınıza geri dönün.
- Ayak ve yer arasında olan teması geri dönüş noktası olarak kullanın, tıpkı oturma meditasyonunda nefesinizi kullandığınız gibi. Bu temas sizi, şimdi ve burada içine yeniden yerleştirecektir.
- 10-15 dakika daha bu şekilde yürümeye devam edin, dilerseniz daha fazla da olabilir.

Yürüme uygulamasına yavaş yürüyerek başlayın ki mindful olmaya alışabilin. Bu konuda rahatladıktan sonra, sizin için nasıl bir hız daha rahatsa onu seçin. Ancak, başladığınızda acele içinde ya da huzursuz hissederseniz, biraz daha az hızlı bir tempoya inerek başlamayı deneyin. Sakinleşmeye başlayana dek hızınızı adım adım düşürün.

Uygulama 6.2 Şemaları Bırakmak

Bu egzersiz zorlu deneyimler içeren (Uygulama 3.2 gibi) uygulamalardan sonra yapılabilir, ancak gündelik yaşamdaki yoğun duygusal olaylar ile yüzleşmek için de yararlıdır. Bu uygulama düşünceleri, duyguları ve eylemleri tazelenmiş bir dikkat ile gözlemlerken açık, meraklı bir zihin yapısını davet eder.

(Güçlü) duygusal bir tepki yaşadığınızda ona yakından bakın. Olumsuz bir fikir duyduğunuzda çok öfkelenebilir veya çok özel olan birini kaybettikten sonra çok üzgün olabilirsiniz. Alternatif olarak, duruma asla uygun olmayan bir duygu da yaşayabilirsiniz. Örneğin; normalde başkalarının öfkelendiği yerde kırgın hissetmek gibi. Ya da, belki de (birdenbire) hiçbir şey hissetmeyebilirsiniz.

Ani duygusal tepkiler, anın içinde veya olaydan sonra fark edilebilir. O anda çevrenizde neler olduğuna dikkatinizi verin; düşüncelerinizin, duygularınızın ve davranışlarınızın farkında olun. Bilinçli Farkındalığı duygusal anlarda daha fazla deneyimledikçe, bu tepkileri "yakalama" beceriniz daha da artacaktır.

Düşüncelerinizdeki, duygularınızdaki ve davranışlarınızdaki değişiklikların farkında olmanız otomatik pilotunuzu devre dışı bırakır. (Aşamalı olarak) duyguların aşırılaşması veya ansızın yok olmaları durumu azalır. Düşünceler, siz onların gelişini ve gidişini fark etmeye başladığınızda, zihninizdeki varlığını kabul ettiğinizde, yavaşlamaya başlar. Belirli düşüncelerin, duyguların ve davranışların geçmişinize ait olduğunu, fakat artık uyumlu olmadığını ayırt etmeyi öğrenirsiniz. Duygularınıza, düşüncelerinize ve eylemlerinize yönelik taze bir farkındalık ve yargısız Mindfulness geliştirdikçe, bilinçli karar verme yeteneğinizde bir artış fark edecek-siniz.

Örneğin, kendinizi öfkeli veya üzgün hissettiğiniz sırada oturacak bir yer bulun ve nefesinize odaklanın. Nefesinizi bedenin neresinde hissediyorsunuz? Dikkatinizi bu noktadan bedeninizin kalanına genişletin, yaşadığınız duyguyu kaplayın. Her ne zaman duygularınız dikkatinizi yutarsa ve dikkatinizi dağıtırsa, nefese geri dönün. Duygularınızı başınızın üzerinden geçen kara bir bulut gibi görün; bir müdahale gerekmiyor.

Ne hissettiğinizin, yaptığınızın, gördüğünüzün, duyduğunuzun ve kokladığınızın sadece farkında olun. Dikkatinizi duygunuzu bedeninizde hissettiğiniz yerde tutarken, çevrenizin de farkında olun.

Şimdi yavaşça 3'e kadar sayacağım, sonrasında gözlerinizi açabilirsiniz. Yapma-moduna dönmeden evvel, kendinizin ve şu an içinde bulunduğunuz çevrenin farkında olmak için birkaç dakika alın ... 1 ... 2 ... 3.

Ödev

- Ödev: Günlük Mindfulness (Ek III-A)
- Ödev kağıdı: Şema Bilinçli Farkındalığı Geliştirmek (Ek III-C)
- Ödev kağıdı: Özet yazma (Ek III-D)
- Ses kayıt uygulamaları: Beden Tarama (1.2), Şemaları Bırakmak (6.2)
- Uygulama: Bilinçli Farkındalık Niyetiyle Yürüyüş (6.1)
- Seans 6 için olan metni okuyun.

Seans 7 Kendine Sağlıklı Yetişkin ve Mutlu Çocuk Aracılığıyla Bakım Verme

Önceki seanslar şema ve mod farkındalığını geliştirmek için temel oluşturan, fiziksel duyumsamaların, duyguların ve düşüncelerin üzerine odaklanmıştı. Bu seans Sağlıklı Yetişkin ve Mutlu Çocuk modlarını öne çıkarıyor. Sağlıklı Yetişkin ve Mutlu Çocuk imgelerini yansıtacak, onların bedendeki varlığını belirleyecek ve getirdikleri deneyimleri keşfedeceğiz. Hiç kimse aynı deneyimi yaşamayacak. Bazıları kendini Sağlıklı Yetişkin olarak resmetmekte zorlanabilir; diğerleri bir çocuk gibi mutlu olmayı bilmediklerini fark edebilir. Seans boyunca çeşitli duygular ve bedensel duyumsamalar ortaya çıkabilir; veya ortaya hiçbir şey çıkmayabilir. Kilit nokta her zamanki gibi; bu deneyimleri bilinçli farkındalık ile gözlemlemenin alıştırmasını yapmaktan geçiyor.

Natalie ne zaman hata yapsa, bu onun Yüksek Standartlar/Aşırı Eleştirellik şemalarıyla bağlantılı olan Cezalandırıcı modunu tetikler. Kendini azarlar ve cezalandırır. "Sağlıklı Yetişkin ve Mutlu Çocuk Bilinçli Farkındalığı" egzersizi sırasında Natalie, kendisini Sağlıklı Yetişkin olarak gözünde canlandırma acizliğinden ötürü kendinden rahatsız olur ve aynı tepkisel örüntü içine girer. Düşünceye dalması ve kendini eleştirmesi, onun Sağlıklı Yetişkinin nasıl davranabileceği ile ilgili verilen örneklerini kaçırmasına neden olur. İzleme seansı tartışmaları sırasında, Natalie örnekleri kaçırdığını fark eder ve daha da üzgün duruma gelir. Eğitici, ondan durmasını ve bu duygular üzerine iyice düşünmesini ister; Natalie öfkesinin, üzüntüye dönüştüğünü fark eder. Mindful olmak ona, kendini daha ılımlı ve nazik bir bakış açısıyla görmesine yardımcı olur.

Uygulama 7.1 Sağlıklı Yetişkin/Mutlu Çocuğun Bilinçli Farkındalığı

Bu Mindfulness uygulaması size, Sağlıklı Yetişkin ve Mutlu Çocuğunuzu gözlemleme olanağı verecektir. Bu uygulama size, kendinizin zorlu durumlarda güvenebileceğiniz sağlıklı yönlerinizin daha bilincinde olmanızı sağlayacak bir yol verir.

- Sırtınız dik bir şekilde bir sandalyeye oturun. Arkanıza yaslanmayın, fakat sırtınızı dik tutun.
- Sırtınızın dik, rahat ve dingin bir duruş bulmasına olanak verin.
- Ayaklarınızı düz yüzeyin üstünde dinlendirin.
- Gözlerinizi kapatın.
- Bedeninizin, sandalyeye ve yere değen kısımlarındaki temas ve baskı hissinin farkına varın. Bu duyumsamaları Beden Tarama uygulamasında olduğu gibi incelemek için kendinize birkaç dakika tanıyın.
- Odağınızı, bedeninizde nefesi hissettiğiniz noktaya verin. Nefes aldıkça ve verdikçe hareket eden karnınızın farkına varın veya her nefes ile burnunuza giren ve çıkan havanın getirdiği hisse odaklanın. Nefesin bedeninizde en çok hissedildiği noktayı bilinçli farkındalık ile gözlemleyin. Bu, nefese odaklı kalmanıza olanak verir.
- Şimdi dikkatinizi, Sağlıklı Yetişkin olduğunuz imgeye odaklayın. İçinizdeki Sağlıklı Yetişkinin nezaket ve dinginlikle, nasıl rahatlama ve koruma sağladığının üzerine ve katı, cezalandırıcı veya öfkeli modlara karşı nasıl hoşgörülü ve yumuşak bir bakış açısından bakabildiğinin üzerine derinlemesine düşünün. Sağlıklı Yetişkinin, kendinize ve çevrenizdeki diğer insanlara yönelik sağlıklı sınırları, sakin ve arkadaşça yaptığından emin olarak koyabilen kısmını derinlemesine düşünün.
- Dikkatinizin Sağlıklı Yetişkinden koptuğunu fark ettiğiniz zamanlarda, yumuşak ve nazik bir şekilde kendinize, Mindful olmada ne denli iyi olduğunuzu anımsayın. Herkesin dikkatinin dağıldığını anımsayın; bunun farkına varmanız Sağlıklı Yetişkininize karşı mindful olmanız için yeni bir fırsat sağlar. Gerekli olduğunda nefesinizi Sağlıklı tarafınıza geçiş vasıtası olarak kullanın. ☞

- Dikkat noktanız olarak nefese geri dönün. Nefes alış, nefes verişinizin ve bu süreçteki doğal değişiminin farkında olun. Dikkatinizi her nefes başında çalışmaya başlatın ve bunu sonuna kadar sürdürün. Dikkatinizin dağıldığını fark ettiğiniz zamanlarda, dikkatinizi tekrar nefese getirin.
- Şimdi Mutlu Çocuk olduğunuz imgeye odaklanın. Çocuğun ne denli güvenli ve emin hissettiğini fark edin. Mutlu Çocuğun kendine olan güveninin farkında olun. Etrafında olan insanlar tarafından benimsenmesinin hissini... Bağımsızlığının sağlıklı bir şekilde peşinden gitmekte özgür olduğu bilgisinin hissini...
- Odak noktası olarak nefese dönün. Her bir nefese karşı mindful kalın, kendinize Sağlıklı Yetişkin ve Mutlu Çocuğun gelecekte kendilerini ifade edebilmeleri için; daha çok varlık göstermeleri ve uyanık olmaları için neye ihtiyaçları olduğunu sorun. Dikkatinizin dağıldığını fark ederseniz, nazikçe not alın ve nefese dönün. Sağlıklı Yetişkin ve Mutlu Çocuğun gelecekte neye ihtiyacı olduğunun üzerine derinlemesine düşünün.

Yapma-modu

Bir önceki egzersizin üzerine düşünerek, gözlemlediğiniz çeşitli deneyimleri inceleyin. Mindful iken fark ettiğiniz şeyleri gözden geçirin. Bir yanıt bulmak, gözleriniz kapalıyken veya yumuşak odaklı bir bakış ile hayali bir noktaya bakarak daha kolay olabilir.

- Sağlıklı Yetişkin neye benziyor? Sağlıklı Yetişkini bedeninizin en çok neresinde hissediyorsunuz? Sağlıklı Yetişkin hakkında başka ne fark ettiniz?
- Mutlu Çocuğunuz neye benziyor? Mutlu Çocuğu bedeninizin en çok neresinde hissediyorsunuz?
- Şimdi yavaşça üçe kadar sayacağım, sonrasında gözlerinizi açabilirsiniz. Yapma moduna dönmeden önce, kendinizin ve şu an içinde bulunduğunuz çevreninin farkında olmak için birkaç dakika kullanın... 1... 2... 3.

Geleceğe hazırlanma: Yapma modu

Seans 5'te olaylara nasıl Sağlıklı Yetişkin ve Mutlu Çocuk perspektifinden yaklaşacağınızı, tetiklenen şemalarla nasıl başa çıkacağınızı, artan nezaket ve kabul ile, olayları ne şekilde gözlemlemeyi, onlara karşı nasıl daha fazla mindful olunacağını ele aldık. Kendinize bakım vermedeki önemli bir nokta şudur: Olumsuz düşünceler ve davranışlar gibi olası güçlüklerin farkında olmak, aynı zamanda da olumlu düşüncelerinizin ve iyi yaptığınız şeylerin farkında olmak. Şemalarınız devredeyken ve bir modda takılı kaldığınızda, yanlış giden şeyler dikkatinizi tüketebilmektedir. Düşünceler ve algılar, ancak şema veya modunuz ile tutarlı ise bilinç düzeyine çıkar.

Richard iki hafta önce bir futbol maçında kaslarını, zorlama sonucunda zedeler ve şimdi büyük acı içerisindedir. Doktoru ona dinlenmesini ve en az üç hafta futbol oynamaktan kaçınması gerektiğini söyler. Richard bu konuda epey üzgündür. Buna ek olarak, geçen haftadan bu yana hiçbir takım arkadaşından bir seda duymaz; ve onların kendisini ihmal ettiğinden kuşkulanmaya başlar. Ziyaret edilmeye değecek kadar önemli biri olmadığını düşünmektedir. Richard bu durumun üzerine düşünür ve öfkesi artar. Ancak fark etmede başarısız olduğu bir nokta vardır, o da; takım arkadaşlarının onun için bir hayli endişelendiği; ve geçen hafta onu ziyaret ettiklerini unuttuğu. Ayrıca, birkaç arkadaşı daha dün e-posta ve mesaj atıp, onu çok yakında ziyaret edeceklerini söylemiştir.

Bazen duygularımız dikkatimizin tamamını kaplar, böylelikle yaşadığımız olumlu anı ve yaşantılarımızın izini kaybederiz. Bu seansta Sağlıklı Yetişkin farkındalığı alıştırması yapacak, şema–temelli düşünme biçimini bırakmaya odaklanacaksınız.

Uygulama 7.2 yapma modunda mindful olmayı içerir. Hangi düşüncelerinizin ve hareketlerinizin şemanızı desteklediğini, hangilerinin şemalarınızla çeliştiğini veya onları çürüttüğünü inceleyeceksiniz. Richard'ın durumunu kullanarak aşağıda bir örnek verilmiştir.

Richard, (diğer bazı şemalarla birlikte) Duygusal Yoksunluk şemasına sahiptir. Aşağıdakileri not eder:

Şema 1: Duygusal Yoksunluk

Üç adet şema-teslim düşüncesi:

"Arkadaşlarım gelip ziyaret edecek kadar bana önem vermiyorlar."

"Muhtemelen doktorumu sakatlığımla rahatsız ettiğim için kızdırdım."

"Yakınlarıma tam da yanımda olmaları için en ihtiyaç duyduğum zamanlar hiçbir yerde bulunamıyorlar."

Üç adet şema-teslim davranışı:

"Arkadaşlarımdan gelen düşünceli e-posta ve mesajlara yanıt vermemek."

"Kız arkadaşıma soğuk davranmak."

"Herkese, kimsenin beni takmadığını, umursamadığını söylemek."

Üç adet şema- çürüten düşünce:

"Futbol takımım beni umursuyor olmalı çünkü geçen hafta gelip beni kontrol ettiler."

"Takım arkadaşlarım beni düşünüyor, çünkü bazıları bana daha dün e-posta ve mesaj yolladı."

"Kız arkadaşım beni doktora götürdü ve her zaman benimle iyi ilgilenir."

Üç adet şema- geçersizleştirme davranışı:

"İyi zaman geçirmek adına takımımı davet etmek; onların arkadaşlığının tadını çıkarmak."

"Arkadaşlarıma beni düşünüp düşünmediklerini bilfiil sormak."

"Kız arkadaşımı yemeğe ve sinemaya götürmek, kendime onun her zor zamanda yanımda olduğunu hatırlatmak."

Uygulama 7.2 Gelecek için Hazırlanma *

Hangi düşünce ve davranışlarınızın şema-onaylayıcı, hangilerinin şema ile çelişkili olduğunu tanımaya çalışın. En yüksek puanlı üç şemanız için aşağıdaki maddeleri doldurun:

Şema 1

Üç adet şema-teslimi düşüncesi:

....

....

....

Üç adet şema-teslimi davranışı:

....

....

....

Şema 2

Üç adet şema-teslimi düşüncesi:

....

....

....

Üç adet şema-teslimi davranışı:

....

....

....

Şema 3

Üç adet şema-teslimi düşüncesi:

....

....

....

* Bu uygulama ses kayıt dosyaları içerisinde bulunmamaktadır. ☞

Üç adet şema-teslimi davranışı:

....

....

....

Aşağıdaki maddeleri en yüksek puanlı üç şemanız için doldurun:

Şema 1

Üç adet şemanın tersi düşünce:

....

....

....

Üç adet şemanın tersi davranış:

....

....

....

Şema 2

Üç adet şemanın tersi düşünce:

....

....

....

Üç adet şemanın tersi davranış:

....

....

....

Şema 3

Üç adet şemanın tersi düşünce:

....

....

....

Üç adet şemanın tersi davranış:

....

....

....

Uygulama 7.3 Sağlıklı Yetişkin/Mutlu Çocuğun Neye İhtiyacı Var?*

Sağlıklı Yetişkin ve Mutlu Çocuk modunda tepki vermek için neye ihtiyacınız olabileceğini ele alın. Sağlıklı Yetişkinin, İncinmiş modu desteklediği, anladığı ve koruduğunu, Talepkâr Ebeveyn, Kızgın Çocuk ve Dürtüsel Çocuk modlarına sınırlar koyduğunu aklınızda bulundurun. Mutlu Çocuk sevildiğini hisseder, etrafı sevdikleriyle kaplıdır ve hareketlerini bağımsız bir şekilde yerine getirmek için kendine güveni vardır.

Sağlıklı Yetişkin modunda hareket edebilmek için neye ve/veya kime ihtiyacım var:

....

....

....

Mutlu Çocuk modunda hareket edebilmek için neye ve/veya kime ihtiyacım var:

....

....

....

* Bu uygulama ses kayıt dosyaları içerisinde bulunmamaktadır.

Aşağıdaki metin, bir uygulama ses kaydından alınmış olup, grupta işlenmemiştir.

Uygulama 7.4 Sadece Düşünceler Olarak Şemaların Bilinçli Farkındalığı

Otomatik pilotunuzun dışına çıkmaya çalışın. Çevrenize, diğer insanlara ve kendinize karşı bilinçli farkındalık içinde olun. Ne fark ediyorsunuz? Çevrenizdeki dünyayı nasıl deneyimliyorsunuz? Diğerlerini nasıl görüyorsunuz? Ne hissediyorsunuz? Bu hisler, bedeninizin hangi bölümünde en yoğun haldeler? Etrafınızdaki dünyayı ve insanları tehditkâr, kusurlu, ya da soğuk ve mesafeli olarak algıladığınız oluyor mu? Kendinizi mutsuz, öfkeli ya da aşırı kırılgan hissediyor musunuz? Bir şemanızın tetiklendiğini fark ettiğiniz anda, kendinize nefes almak ve düşüncelerin, hislerin ve bedensel duyumsamaların farkına varmak için bir dakika verin. Bu size hangi şemaların tetiklendiği hakkında ipuçları verecektir. Biraz nefes alanına sahip olmak size seçme özgürlüğü sağlar. Aşırı tepki veriyor ya da kaçınıyor musunuz? Veya dünyayı teslim olmuş bir zihin çerçevesinden mi deneyimliyorsunuz? Bu yaşantıların birçoğu şema etkinleşmesine işaret ediyor olabilir.

Şemaların sadece düşünceler olduğunu anlayın; şemalar, gerçeklik hakkında fikirlerdir. Bu fikirler; ne kesinlikle doğrudur, ne de dünyayı ya da gerçeği doğru bir şekilde temsil eder. Kendinize şemaların gerçeklik hakkında sadece bir bakış açısı olduğunu anımsatarak onlara meydan okuyabilirsiniz; dünyayı algılayış biçiminizi değiştiren bir çift renkli gözlük gibi. Ne görebildiğinizi bulabilmek adına şema gözlüklerinizi çıkartmaya çalışın. Görmediğiniz ya da başka türlü hissetmediğiniz şeyleri gözlemlemek için mümkün olduğu kadar çaba harcayın.

Dünyayı şema gözlüğünüzle öğrenmiş olma biçiminizi hoşgörün. Bu gözlük, geçmiş yaşantılarınızın doğal bir sonucudur. Şemalarınızı kabul ile gözlemlerken deneyiminizdeki değişikliği fark etmeye çalışın. Şema gözlüğünüzden görülmeyen şeyleri -her ne kadar her zaman orada mevcut olsalar bile- görmeye çalışın. Şemalarınızı gitgide gereksiz hale getiren gerçeklere karşı bilinçli farkındalık içinde ve meraklı olun. Şimdi yavaşça 3'e kadar sayacağım, sonrasında gözlerinizi açabilirsiniz. Yapma -moduna dönmeden önce, kendinizin ve şu an içinde bulunduğunuz çevrenin farkında olmak için birkaç dakika alın ... 1 ... 2 ... 3.

Öneri:
Mindful Bir Şekilde Şemalarınızla Baş Etme

- Ne zaman bir şema tetiklenirse, tipik otomatik tepkinize karşı çıkan ya da on tepkiyi geciktiren en az bir olumlu cevap bulmaya çalışın.
- Otomatik düşüncelerinize (bunlar şemalarınız) karşı meydan okuyun. Şimdiki durumunuz hakkında tüm unsurları dikkatlice ele aldınız mı? (Bilinçli olarak) yadsıdığınız herhangi bir şey var mı? Siz (veya diğerleri) şemanızla çelişen herhangi bir detay tanımlayabiliyor musunuz? Şemanızın gerçek olmadığını gösteren herhangi bir geçmiş olay anımsayabilir misiniz? Gerekirse birisinden, güncel tetiklenmiş olan şemayla çelişen durum veya olgular hakkında düşünmenize yardımcı olmasını isteyin.
- Nefesinize odaklanın. Kendinizin (acı veren) duygu ve düşüncelere kapılmasına izin vermeyin. Hangi durumlarda şemanızın tetiklendiği hakkında bilinçli farkındalık içinde olun. Sizi her ne etkilediyse, kendinizi bundan uzaklaştırmak için bir dakikanız var mı? Belki de durumdan kısaca çekilebilir veya kısa bir yürüyüşe çıkabilirsiniz.
- Her ne zaman bir şema etkinleşirse olumlu yanıt vermeye çalışın. Örneğin, kendinizi kandırılmış hissediyor ve korumacı olma dürtünüzü fark ediyorsanız, deneyimlediğiniz bu duyguyu veya acı veren duyumsamayı tanımlamaya çalışın. Acele etmeyin. Her ne zaman otomatik bir tepkinin oluştuğunu fark ederseniz, nefese dönün. Alıştırma yapmaya devam edin.

Ödev

- Ödev: Her gün Mindfulness (Ek III-A)
- Ödev kağıdı: Beş Boyutlu Bilinçli Farkındalık Ölçeği (Ek III-B)
- Ödev kağıdı: Şema Bilinçli Farkındalığı Geliştirmek (Ek III-C)
- Ödev kağıdı: Özet yazma (Ek III-D)
- Ses kayıt uygulamaları: Beden Tarama (1.2), Sağlıklı Yetişkin ve Mutlu Çocuğun Bilinçli Farkındalığı (7.1), Sadece Düşünceler Olarak Şemaların Bilinçli Farkındalığı (7.4)
- Alıştırma: Gelecek için Hazırlanma (7.2), Sağlıklı Yetişkin ve Mutlu Çocuğun Neye İhtiyacı Var? (7.3)
- Seans 7 için olan metni okuyun

Seans 8 Gelecek

Gelecekteki şemalar ve modlar

Günlük olarak şemaların, modların ve otomatik pilot alışkanlıklarının bilinçli farkındalığı, hem içinde bulunduğumuz zaman için hem de gelecek için kıymetli bir alışkanlıktır. Şema ve mod bazlı davranış örüntülerinin etkilerinin azalması ve otomatik pilot tepkilerinin sürekli olarak mindful tepkiler ile yer değiştirmesi uzun bir süre alabilir.

Bir önceki yedi seans boyunca, şema ve modlarınızın, ayrıca otomatik pilotunuzun işleyişine dair bilgi ve beceriler edindiniz. Her seansta işlenen en önemli konuların özetini yazdınız. Gelecekte bu özetlere başvurmaya devam edebilirsiniz. Önümüzdeki ay ve yıllarda, düzenli olarak yapacağınızı düşündüğünüz uygulamaları seçin. Bir hareket planı yapmanız avantajlı olacaktır; yani şimdi, bir hafta içerisinde Mindfulness egzersizlerine hangi gün ve saatleri ayıracağınızı belirlemek için harika bir zaman. Bunları yazdığınızdan emin olun. Gelecek ne gösterirse göstersin, şimdiki ana dönüş noktası olarak her zaman nefese güvenebileceğiniz gerçeğinin farkında olun. Otomatik pilotu önleme, şema ve modlara farkındalık ile tepki verme kararı her zaman sizin elinizdedir. Şema ve modların etkilerine karşı ihtiyatlı olmak, sosyal etkileşimlerinize de getirebileceğiniz bir şeydir. Mindfulness, diğer insanların yanında ortaya çıkan düşünme, konuşma ve davranış şekillerinizi anlamanızda yardımcı bir rehber gibi işlev görebilir.

Gelecekte sevdiklerinizle mindful etkileşimde olmak

Ne zaman birisiyle aranızda anlaşmazlık doğarsa, mindful düşünce için uygun bir an bulun. Bazen, siz ya da karşınızdaki kişi kısa bir ara vermeye ihtiyaç duyabilir. Böylesine odaklanmış bir ara vermek bedeninizin, duygularınızın ve hangi şema ve modunuzun tetiklendiğine ilişkin farkındalıklı olmanıza yarar. Bilinçli bir mola, (yoğun) duygularınızın hafiflemesine yarayacaktır. Başınızdan geçenleri sakinlikle düşündükten hemen sonra, yapma–moduna geri dönüp onları aşağıdaki sorularla gözlemlemeye devam edebilirsiniz:

1. Ne hissediyorsunuz? Duygular en yoğun olarak bedeninizin neresinde beliriyor? Midenizde bir düğüm var mı? Boyunda ve/veya omuzlarda gerginlik? Kollarda ya da bacaklarda titreme? Bir duygudan diğerine mi zıplıyorsunuz, veya duygularınız karışmış halde mi? Size geçmişten benzer bir yaşantıyı hatırlatıyorlar mı?
2. Ne düşünüyorsunuz? Hisleriniz için bir "ses" olmaya çalışın. Duygularınızı nelerin besliyor olabildiğine dikkat verin. Hangi düşünceler onları şiddetlendiriyor veya duraklatıyor? Örneğin, şu tür bir düşünce ile bunun farkına varabilirsiniz: "Hep kendi halime bırakılırım. Kimse beni fark etmez." Bu düşünceyi tetikleyen mevcut durum ne hakkında olabilir?
3. Bu durumda ne yapıyorsunuz? Nasıl bir ruh hali içerisindesiniz? Ruh haliniz değişken mi? Modlarınız hızlı bir şekilde değişiyor mu yoksa bir moda uzun süredir asılı mı kaldınız? Ruh haliniz size ne yapmanızı söylüyor? Siz ne yaptınız?

Sevdiğiniz kişi ile olan tartışmanıza mindful bir ara verdikten sonra, kendinize ne kazandığınızı sorun. Durumu etkileyen şema ve modlarınıza ilişkin bir içgörü edindiniz mi? Ne olduğunu konuşmaya açık mısınız? Bam telinize basan şeyin ne olduğunu tam olarak anlamamış olsanız bile, bunun üzerinden beraber geçmek hem sizi neyin tetiklediğini belirlemeye, hem de ilişkiyi güçlendirmeye yardımcı olur. Konuya kendinizin ve diğerinin bilinçli farkındalığı ile değinebileceğinizin güvenini hissettiğinizde, aşağıdaki davranışlara başlayın:

1. Daha sakin koşullar altında buluşabileceğiniz bir an kararlaştırın. İkinizin de diyalog için yeterli zamana ve dikkate sahip olduğundan emin olun.
2. Karşınızdaki kişiye hangi şemalarınızın etkinleştiğini ve kendinizi hangi modların içinde bulduğunuzu açıklayın. Onun hangi hareketlerinin şemalarınızı tetiklediğini belirleyin. Ben dili ile konuşun; ona saldırıda bulunmadığınızı, basitçe davranışının sizi nasıl etkilediğini belirtin. Şemalarınızın nasıl etkinleştiğini daha belirgin şekilde göstermeye çalışın. Örneğin:

   "*Fark ettim ki, insanlar sözlerini tutmadığında ya da kuralları bozduğunda, Duygusal Yoksunluk şemam tetikleniyor. Bu şema beni ihmal edilmiş ve reddedilmiş hissettiriyor, ben de buna aşırı talepkâr ya da kindar davranarak karşılık veriyorum. Sen geç kaldığında bu oldu. Tıpkı ebeveynimin yaptığı gibi, beni unuttuğunu, ihmal ettiğini hissettim. Onlar her zaman tartışıyor ve yalnızca kendileri için endişeleniyorlardı.*"
3. Sevdiğiniz kişiyi kendi yaşadığını tanımlamaya davet edin. Kendini hangi şema ve modların içerisinde buldu? Tepkileriniz onu nasıl etkiledi? Yanıtı süresince mindful ve öğrenmeyi seven bir meraklılık içinde olun, duyduğunuz her şeyin gelecekte ikiniz için de şemalarla daha etkili baş etmenize yarayabileceğini fark edin.
4. Şema tetikleyicilerinin gelecekte nasıl önlenebileceğini ve şemalar devreye girdiğinde bunlardan bağlarınızı nasıl koparacağınızı tartışın. Karşılıklı saygı çerçevesinde birbirinizin gereksinimlerini nasıl yanıt verebilirsiniz? Şema tetikleyicilerine bir takım olarak nasıl karşı koyacaksınız? Son olarak, şu anki duruma dair konuşulması gereken başka bir şey daha var mı?

5. Şema ve modlarınızı etkinleştirmeye devam eden aynı örüntüler olursa buna karşı sabırlı olun. Bir gecede bunların yok olmasını bekleyemezsiniz. Ayrıca, insanların farklı oranlarda gelişim gösterdiğini bilmelisiniz. Belki de siz kısa sürede kayda değer bir değişim yaşayacaksınız, ancak eşinizin daha fazla pratiğe gereksinimi olabilir veya tam tersi olabilir. Önemli olan, sevdiğinizle birlikte mindful olmaya ve her durum hakkında meraklı olmaya devam etmektir. Her olaydan yeni bir şey öğrenmeye çalışın.
6. Sevdiğiniz kişinin Mindfulness uygulamalarını denemeye ilgisi olabilir. Eğer böyleyse, ikinizin de değer vereceği ve hoşunuza gideceği bir egzersiz bulup bunu beraber uygulayın. Alternatif olarak, şayet bir egzersizde karar kılınamazsa, ayrı ayrı yapmak için farklı birer uygulama seçin. İki türlüsü de iyidir. Mindful bir ilişkiye sahip olmanın üzerine çalışmak zaten yeteri kadar zorlayıcıdır.

Uygulamalar

Uygulama 8.1 Kendinin Çocuk ve Yetişkin Olarak Bilinçli Farkındalığı

Olma-modu: 1. bölüm

- Sırtınız sandalyenin sırtına değecek şekilde dik oturun. İki ayağınızı da yere yerleştirin. Gözlerinizi kapatın ve nefesinize odaklanın. Nefesi alıp verişi bedenin neresinde daha çok fark ettiğinize yoğunlaşın. Kendinizi düşünce ya da görüntüler tarafından dikkati dağılmış olarak bulursanız, bunu fark ettiğiniz için kendinizi takdir edin. Sonra kendinizi yumuşakça tekrar nefese yönlendirin.

Yapma-modu: 1. bölüm

- Yukarıdaki yaşantı temelli uygulamayı bitirdikten sonra, gözlerinizi kapatın (veya hayali bir noktaya bakın), nefese odaklı kalın ve sakince bilinçli farkındalığın yapma- yönelimli moduna geçiş yapın.
- Güvenli ve emin hissettiğiniz bir yerin imgesini oluşturun. Belki de yanınızda birisi vardır, sevip güvendiğiniz bir kişi. Rahat bir atmosferi olan, samimi ve hoş bir alan düşünün. Bu alan nerede olursa olsun; güvende, korunmuş ve desteklenmiş hissettiğiniz bir yer olsun: Kendiniz olmakta özgür olduğunuz, kimseyi etkileme veya şu anda olduğunuzdan daha güçlü ya da daha iyi olma ihtiyacı duymadığınız bir yer.
- Oluşan imgeleri, düşünceleri, ya da hisleri gözlemlemeye başlayın. Farkındalığınızın, yaşantılarınızı yargılamaksızın, içsel bir bilgelikten ve kabulden gelmesine izin verin. Nefese ve imgelediğiniz güvenli alana her zaman dönebileceğinizi bilin. Şema ve modlarınızın ortaya çıkardığı şeylere karşı şimdi daha farkındalıklı olabilirsiniz. Duygusal tepkilerinizin örüntüsü ve onların köken itibariyle nasıl geliştiğini keşfedebilirsiniz. Nefesin, sizi mevcut güvenli alana geri götüren kılavuz olarak hep orada olduğunu anımsayın.

- Yakından incelemek için bir yaşantıyı (ya da onun bir parçasını) seçin. Yükselen his veya düşüncelere kapıldığınız zaman, buna daha sonra tekrar geri dönmeyi düşünün ve şimdilik başka bir yaşantı ile devam edin. Örneğin, aklınıza sizi hayal kırıklığına uğratmış bir kimse geldiğinde, zihninizdeki bu imgeye tüm dikkatinizi verin. Bu insanın size bilinçli farkındalık içinde ve açık bir tavırda yaklaştığını imgeleyin. Öyle ki o, sizi dinlemeyi seven ve ihtiyaçlarınız için orada olan bir kişi.
- Kendinize, bu kişiye ne söylemeniz gerekiyorsa, dürüst ve yalın bir şekilde ifade etme olanağı verin. İçinizde tutmayın. Onlara gerçekten ne söylemek istediğinizin üzerine derince düşünün ve sonrasında da bunu söyleyin. Bu kişiden ne istediğinizi anlayın ve bunu ona açıklayın. Belki onların sizin için daha sık yanınızda olmasını; belki daha hassas, özenli ve önemsiyor olmalarını istiyorsunuz. İhtiyaçlarınızı ifade etmek için kendi kelimelerinizi kullanın.
- Nefesiniz, daha sakin ve ılımlılıkla konuşmanıza olanak sağlayan bir noktası ve sağlam bir temeldir. Bu kişinin tüm dikkatini size nasıl verdiğinin farkına varın. Düşüncelerinizi, hislerinizi ve ihtiyaçlarınızı açıklıkla ifade ediyor olmanız gerçeğine nasıl değer verdiklerini fark edin.
- Zihninizde, bu kişinin tam da sizin duymaya ihtiyacınız olduğu şeyi söylemesine izin verin: Ne duymak sizi iyi hissettirecek ise.

Olma-modu: 2. Bölüm

- Bu kişinin size olan desteğini ifade etmesine izin verdikten sonra dikkatinizi bir kez daha nefesinize odaklayın. Havanın bedeninize giriş ve çıkışının duyumlarının bilinçli farkındalığı içinde olun.
- Her tür bedensel duyumsamanın bilinçli farkındalığı içinde olun. Herhangi bir düşünce ya da duygunun varlığının veya yokluğunun farkında olun.
- Farkındalığınıza giren herhangi bir düşünce, duygu ve bedensel duyumunuzu yargılamamaya ya da sansürlememeye çalışın.

Tamamen yeni şeylermiş gibi onları gözlemleyin. Eğer otomatik pilota geri girer ya da bilinçli farkındalıktan çıkarsanız bunu tanıyın. Not alın ve nazikçe bir önceki dikkat odağınıza geri dönün.

- Şimdi nefesinize geri gelin. Göbeğinizde, göğsünüzde, boğazınızda, ağzınızda ve burnunuzda nefesi fark edin.

Yapma-modu: 2. bölüm

Yukarıdaki oluş-modu egzersizini tamamladıktan sonra, kendinize mindful hal içindeyken ne gözlemlediğinz hakkında birkaç soru sorun. Gözlerinizi kapatmak ya da boşluğa doğru yumuşak bir bakışla bakmak yanıt bulmanızda yardımcı olabilir.

- Nefesinizi nerede hissediyorsunuz? Bedeninizde ne duyumsuyorsunuz? Hangi duyguları hissediyorsunuz?
- Oluşan düşüncelere ve zihinsel imgelere yargılamadan izin vermek nasıldı?
- Bir başka kişiye ihtiyaçlarınızı mindful ifade etmek nasıl hissettirdi? Neyin farkına vardınız? Hangi duygular? Bedenin neresinde?
- Bu kişinin sizi dinlemesi ve duymaya ihtiyacınız olan şeyi söylemesi nasıldı? Hangi yaşantıları farkındalığa getirdi? Hangi duyguları? Bedenin neresinde? Şimdi yavaşça 3'e kadar sayacağım, sonrasında gözlerinizi açabilirsiniz. Yapma moduna dönmeden önce, kendinizin ve şu an içinde bulunduğunuz çevrenin farkında olmak için birkaç dakika kullanın... 1 ... 2 ... 3.

Uygulama 8.1 Kişisel Etkileşimlerde Şema ve Mod Farkındalığı ile Hokkabazlık*

Olma-modu

- Bir top alın ve elinde top olan diğer katılımcının iki metre karşısında durun. Sırtınızı dik tutun, göz teması kurun ve nefesinize karşı mindful olun. Sizi nefesten uzaklaştıran düşünceler ya da dikkatinizi dağıtan bir şey olduğunda bunları not edin. Kendinize dikkatiniz için iltifat edin ve yavaşça mindful nefes almaya geri dönün.
- Farkındalığınızı yavaş yavaş bedeninizin geri kalanına doğru genişletin. Yere temas eden ayaklarınızı, topu tutan elinizi ve bedeninizin tüm fiziksel deneyimini duyumsayın. Dikkatinizin dağıldığını fark ederseniz, bunu fark etmenin iyi bir şey olduğunu kabullenin ve daha sonra nefesi, fiziksel farkındalığa geri götüren sıçrama tahtası olarak kullanın. Yaklaşık iki dakika sonra topu yavaşça eşinize doğru yay şeklinde atın. Eşiniz de topu aynı şekilde geri atsın. Bilinçli farkındalıkla ileri geri paslaşmaya devam edin. Birbirinizin becerilerini ve hatalarını gözlemleyin: Birinin topu kaçırdığı, topların havada çarpıştığı ya da bir kişinin diğerinden biraz daha hızlı attığı durumlar gibi. Bu olduğunda hokkabazlığa devam ederken, hangi şema ve modların tetiklendiğine dikkat verin. Eğer dikkatinizin kaydığını fark ederseniz veya şema ve modlarınıza takılırsanız, bu dikkat dağıtıcı duruma karşı olan bilinçli farkındalığınızı takdir edin. Eğer gerekirse, nefesinize odaklanarak başlangıç noktanıza dönebilir, bedeninizin farkında olabilir ve yenilenmiş bilinçli farkındalık ile hokkabazlık egzersizine devam edebilirsiniz. Toplarla beş dakika kadar daha alıştırma yapın.

Yapma-modu

(Katılımcılar oldukları yerde kalırlar)

Bu egzersizi tamamladıktan sonra, kendinize hokkabazlık esnasında olan gözlemleriniz, deneyimleriniz hakkında bazı sorular sorun.

---

* Bu uygulama ses kayıt dosyaları içerisinde bulunmamaktadır.

☞

Gözlerinizi kapatmak ya da boşluğa doğru yumuşak bir bakışla bakmak yanıt bulmanızda yardımcı olabilir.

- Nefesiniz en yoğun olarak nerede hissediliyor? Bedende hızı, derinliği veya yeri değişiyor mu? Başka ne fark ediyorsunuz?
- Bedeninizde ne oluyor? En güçlü duyumsamalar nerede yer almakta? Ortaya ne tür duygular çıkıyor? Örneğin, Yüksek Standartlar / Aşırı Eleştirellik şeması veya Talepkâr Ebeveyn modu eşinizi sakar olarak yargılamanıza ya da performans düzeyinin sizinkiyle eşdeğer olmasını beklemenize neden olabilir. Yetersiz Özdenetim / Disiplin şeması ve Dürtüsel Çocuk modu topu giderek daha da hızlı atmaya başlamanıza neden olabilir.

İzleme seansları

İki izleme seansı yapılacaktır. İlk İzleme seansı bir ay içerisinde, ikinci izleme seansı da iki ay sonrasında yer alacaktır. İzleme seansları düzenli buluşmalara göre daha kısadır, bir saat sürer. İkinci izleme seansı yeni tekniklerin aktarımından çok, önceden öğrenilmiş olan becerileri koruma ve geliştirmeye odaklanıp, değerlendirmeleri içerecektir. Grup içerisinde belirli olayları veya ilgili konuları tartışmak için ayrılacak süre kısıtlı olacaktır.

İzleme Seansı - 1

İki izleme seansının ilki bugün. Bu seans önceki buluşmalardan daha farklı. Yalnızca bir saatliğine buluşacağız ve katılımcılar bu süreyi geçtiğimiz ayki şema ve mod farkındalığına ilişkin aktarımları için kullanacaklar. Şu türde olan sorulara değineceğiz: Şema ve modlarınızın daha da farkına varmak için Mindfulness egzersizlerini ne şekilde kullandınız? Bu zamana dek deneyimlerinizin hangi yanı iyi gitti ve ne daha zorlayıcıydı? Gelecekte neyin üzerine çalışmayı planlıyorsunuz? Şema ve modlara otomatik pilotta tepki verme alışkanlığınızı nasıl önleyeceğinizi hiç düşündünüz mü?

Mindful yönelimin devamlı gelişimi

Yalnızca 8 eğitim seansından sonra yeni öğrendiğiniz becerilerinizin otomatik olarak çalışmasını beklemeyin. Mindfulness becerilerinin istikrarlı kullanımı, geniş çaplı bir eğitim ve disiplin gerektirir. Bu, bir spor yapmaya ya da enstrüman çalmaya benzetilebilir. Gündelik yaşam koşuşturmasından kaynaklanan stres veya yorgunluk sizi Mindfulness'ı sonra çalışmak üzere ertelemeye itebilir, alışılagelmiş şema ve mod temelli tepkilerinizin sessizce hareket etmesine neden olabilir. İşte bu nedenle sizi bu becerileri pratik etmeye ve geliştirmeye devam etmeye teşvik etmek istiyoruz. Mindfulness pratiğini her gün uygulanması gereken bir ilaç gibi görebilirsiniz. Reçeteniz ne? Kısa egzersizler veya uzun meditasyonlar mı? Kitaptan bir uygulama mı? Şema ve/veya modlar üzerine yoğunlaşan bir tanesi mi? Diğer insanların niyetlerine karşı farkındalığı-nızı arttırmayı amaçlayan mı? Sağlıklı Yetişkinin farkındalığını besleyen mi? Hangi Mindfulness egzersizinin gelecekte size en çok yarayacağını düşünmek için, son eğitim seansı ve ilk izleme seansı buluşması arasındaki zamanı kullanabilirsiniz.

Birinci izleme seansı, geçtiğimiz ay süresince Kate'in olaylara sık sık Dürtüsel Çocuk modunda tepki verdiğini gösterir. Tam bu örüntüden habersizken izleme seansı onun dürtüselliğini fark etmesini sağlar. Son zamanlarda Kate'in hayatında birçok heyecanlı gelişme olmuştur: Büyüleyici insanlarla tanışmış ve işyerinde yeni bir projenin başına getirilmiştir. Ancak, Kate bilinçli farkındalık egzersizleri sırasında Mindful olmayı ne kadar az yaptığını fark eder. Ayrıca ne kadar huzursuz olduğunu da fark eder. Bu, onun için yüksek düzeyde stresi işaret eden önemli bir sinyaldir. Stresli zamanlarda, Kate'in eşiyle olan ilişkisinin gerginliği, berbat kavgalara doğru tırmanmakta, bazen fiziksel saldırganlığa yol açmaktadır. Kate izleme seansını, haftada en az üç kez Mindfulness uygulama hedefini canlandırmak için bir fırsat olarak kullanır. Egzersizler, Kate'nin stres düzeyini, şema ve modlarını izlemesi için güvenilir bir yol sağlarken, Dürtüsel Çocuğun otomatik tepkilerinden kaçınmasına da yardımcı olacaktır.

Susan izleme seansında kendi şema ve modları için özel tasarlanmış Mindfulness uygulamalarına dair isteğini ifade eder. Öyle bir egzersiz ki: kendisinin düşüncelerini, hislerini, davranışlarını, şemalarını ve modlarını yargısızca gözlemleyebileceği sakin bir iç alan yaratmasına yardımcı olabilsin. Susan için diğer insanların şema ve modlarının, özellikle de niyetlerinin bilinçli farkındalığında olmak, özellikle yardımcıdır. Diğer insanların hareketlerinin her zaman onun hakkında olmadığı gerçeğinin; onların basitçe kendi şema tetikleyicilerinin ve modlarının etkileri üzerinden hareket ettiklerini kavramasını derinleştirmiştir. Bunu fark etmek, Susan'ın Güvensizlik / Kötüye Kullanılma şemasını geçersiz kılmada ayrıca etkilidir. Izleme seansı sırasında eğitimci Susan'a onun kişisel gereksinimlerine, şema ve modlarına uygun olan Mindfulness egzersizleri sağlar. Bunlar kitaptan alınmamış olup, Susan'ın durumu için özel yapılmıştır. Egzersizi evde dinleyebilmek için telefonuna kaydeder.

Gündelik yaşantınızda Mindfulness eğitiminizin en üst düzeyinde kalmak için birkaç potansiyel strateji düşünün. İşte birkaç örnek strateji:

- Akıllı telefonunuza bir Mindfulness uygulaması indirin. Bu türde bir uygulama, kendinize gün içerisinde anımsatmalar koymanıza yardımcı olup, bilinçli farkındalığa birkaç dakikanızı ayırmak için veya belirli bir egzersizi uygulamak için sizi teşvik eder. Apple Store veya Google Play mağazasında "Mindfulness" şeklinde arama yapmak, arasından seçebileceğiniz birçok yararlı uygulamayı önünüze getirir.
- Akıllı telefonunuzun ajandasını, gün boyunca pratik zamanlarını ayarlamak için kullanın. Anımsatma yapması adına alarm kullanmayı düşünün.
- Belirli ihtiyaçlarınıza yönelik Mindfulness egzersizleri oluşturun. Özel egzersiziniz, hayatınızda rol oynayan şema ve modlarınızın herhangi birine dikkatinizi çekebilir. İhtiyacınıza uygun olacak şekilde uygulamanızın uzunluğunu ve ne tür bir dil kullanacağınızı belirleyin. Birisinden bu egzersizi telefonunuza, MP3 çalarınıza ya da dizüstü bilgisayarınıza kaydetmesini isteyebilirsiniz. Cep telefonunuzda kayıtlı bir egzersizin olması, günlük koşturmaların içinde özellikle kullanışlıdır.
- Hafta içinde durup, şunları düşünmek için sabit bir an belirleyin: a– Geçtiğimiz hafta hangi şema ve modların ortaya çıktı?; b– Mindfulness egzersizlerini uyguladım mı?; c– Uygulamadıysam, bundan beni alıkoyan etkenler nelerdi?; d– Gelecek hafta için ne türde hedefler koyabilirim?
- Eşinizle veya başka bir önemli kişiyle birlikte haftalık değerlendirme planlayın. Mindfulness gayretlerinizi destekleyebilecek birisinin olması genellikle yardımcıdır.

Birinci İzleme Seansı Uygulaması

Gündelik Yaşamda Bilinçli Farkındalığı Getiren Sağlıklı Yetişkin

Kendinizi rahat hissetmediğinizde veya kafanız kaygılarla dolu olduğunda, Mindfulness eğitimi kolayca unutulabilir. Bu egzersiz günlük etkinliklerde içinde bulunulan anın içine bilinçli farkındalığı getiren Sağlıklı Yetişkin moduna ilişkin farkındalığınızı arttırmaya yarar.

Olma-modu

- Sırtınız dik bir şekilde bir sandalyeye oturun. Omurganızı arkanıza yaslanmadan düz tutun.
- Sırtınızın rahat ve dik bir pozisyonda yerleşmesine olanak verin.
- Ayaklarınızı düz bir şekilde zemine basın.
- Gözlerinizi kapatın.
- Sırtınızın farkında olun. Sandalye ile olan temasını duyumsayın. Ne hissediyorsunuz? Şimdi dikkatinizi ellerinize taşıyın. Ellerinizdeki duyumsamalara karşı mindful olun. Bundan sonra, dikkatinizi ayaklarınıza taşıyın. Bu duyumsamaları incelemek için birkaç dakika ayırın, tıpkı Beden Tarama egzersizinde yaptığınız gibi.
- Nefesinize ilişkin bilinçli farkındalık içinde olun; nefesinizi şu anda nerede hissettiğinizi fark edin. Karnınızın hareketine odaklanabilirsiniz. Ya da her nefeste burnunuza girip, çıkan havaya... Nefesiniz en çok nerede mevcutsa dikkatinizi orada dinlendirin.

Yapma-modu

Olma-modunda bir süre dinlendikten sonra, bilinçli farkındalıkla aşağıdakileri düşünürken gözlerinizi kapalı tutun:

- Açık ve meraklı bir zihinle geçtiğimiz ay üzerine düşünün. Sağlıklı Yetişkininiz şema ve modlarınıza yönelik nasıl bir bilinçli farkındalık içindeydi? Belirli imge ve olayların zihninizde canlanması için biraz zaman verin ve bunları yargılamayın. ☞

- Sağlıklı Yetişkin sizin duyarlı olduğunuz tetikleyicilerinizi izler ve uygulamalar sırasındaki bilinçli farkındalığınızı korur. Pratiğinizde tutarsız olduysanız, Cezalandırıcı ya da Talepkâr Ebeveynin eleştiride bulunduğunu fark edebilirsiniz. Kendinize nasıl –Sağlıklı Yetişkin olarak– sakin ve arkadaşça hitap ettiğinizi izleyin ve görün.
- Mindfulness egzersizlerinizi uygulamadıysanız, Sağlıklı Yetişkin bunu engellemiş olabilecek herhangi bir şeyi bilinçli farkındalıkla düşünebilir. Belirli bir şema ya da mod Mindfulness'a zaman ya da olanak yaratmanızı engelledi mi? Bu anda her ne meydana çıkıyorsa, basitçe, yargılamadan ortaya çıkmasına izin verin. Kendinizi dikkatinizi kaybetmiş bulursanız, bunu kavrayın ve yavaşça mindful derin düşünceye geri dönün.
- Şimdi yavaşça nefesinize dönün. İçeri giren ve dışarıya çıkan her nefesin bilincindeyken, kendinize gelecekte duygusal yaşantılarınızın bilinçli farkındalığını günlük olarak işlemeyi geliştirmesi için Sağlıklı Yetişkinin neye ihtiyacı olacağını sorun. Daha çok var olması ve uyanık olması için... Zaman zaman, Sağlıklı Yetişkini desteklemek için ne yapabileceğinizi düşüncelilikle ele alın.
- Şimdi yavaşça 3'e kadar sayacağım, sonrasında gözlerinizi açabilirsiniz. Yapma-moduna dönmeden önce, kendinizin ve şu an içinde bulunduğunuz çevrenin farkında olmak için birkaç dakika ayırın... 1 ... 2 ... 3.

İkinci İzleme Seansı için Ödev

- İlk izleme seansı için olan metni okuyun ve Gündelik Yaşama Mindfulness'ı Getiren Sağlıklı Yetişkin uygulamasını yapın.
- Mindfulness eğitiminizi gündelik olarak destekleyecek yollar düşünmeye devam edin. Bu metinde değinilen önerileri de kullanabilirsiniz. Önümüzdeki ayı plan(lar) ve stratejilerinizi kurmak üzerine geçirin.

İzleme Seansı - 2

Yakın zamanda her biriniz değerlendirme için bireysel olarak eğitimcilerin bir veya ikisiyle tanıştınız. Bugün grup olarak son buluşmamız. Bu programda alınan eğitim bazılarınızın ihtiyacına yönelik yeterli olacaktır. Diğerleri bireysel tedavi planlarına devam edecektir. Bugünkü seansta, bir değerlendirme ve geleceğe yenilenmiş bir odakla bakmak yer alacak.

Eğitim değerlendirmesi

Şema ve modlar sizi kendinizi, diğerlerini ve dünyayı siyah ve beyaz olarak algılamanıza eğilimli yapar. Bu, farkındalığınız dışında otomatik olur. Başarısızlık şeması siz fark etmeden arka planda çalışıyor olabilir, çünkü kendiniz oldukça güvensiz hissediyorsunuzdur. Bu şema sizi Mindfulness ve Şema Eğitiminden hiçbir şey öğrenmediğinizi inanmaya itebilir. Aslında katılımcılar eğitim sonlandığında semptomlarında, şemalarında ve modlarında genellikle bir artış yaşarlar. Eğer böyle bir şey yaşarsanız bu sizi alıkoymasın çünkü tüm bunlar sürecin bir parçasıdır. Her ne kadar program daha mindful olmanız için tasarlanmış olsa da, aslına bakılırsa eğitimin sonuna yaklaştığımızda bilinçli farkındalığınızda bir düşüş fark edebilirsiniz. Bu gayet doğal bir geçici yan etki, eğitimin sonlanmasına kişisel bir tepki olabilir. Şimdi yargısız olma zamanı çünkü eski alışkanlıklarınıza ve otomatik pilota dönmenize tam olarak bu tür bir olay neden olabilir. Eğitimi ve kazanımlarımızı değerlendirirken şema ve modlarınızın etkilerine yönelik mindful olmayı unutmayın!

Son izleme seansında Danny kendine karşı bir hayli eleştireldir. Eşine -genellikle soğuk ve anlayışsız bir şekilde- verdiği tepkiler onu rahatsız eder. Eşinin iş bulmadaki başarısızlığı gibi sorunları hakkında dertlenip somurtmaya başlamasına katlanamaz. Aslında onun, elinden gelenin en iyisini yaptığını biliyordur, ancak eşi "o şekilde" yaptığında ona karşı küçümseme duymaktan kendini alıkoyamaz. Daha sonra, eşine Sağlıklı Yetişkin modunda seslenmeyi başarır. Özür diler ve kendi için eşinin kırılganlığıyla başa çıkmasının ne denli güç olduğunu, ancak bunun kendine ait bir sorun olduğunu, onun sorunu olmadığını açıklar. Eşi, Danny'nin Cezalandırıcı ve Talepkâr Ebeveyn modlarını ve neden olduğu davranışları fark ettiği için görünür bir şekilde rahatlar.

Şema ve modlarınızı süreğen olarak tanıma ve gözleme

Mindfulness egzersizleri, günlük olarak şema ve modlarınızın bilinçli farkındalığında olmayı devam ettirmeniz için çok iyi bir araçtır. Ancak, şema ve modlarınızın otomatik örüntülerine geri dönmek çok kolaydır ve Mindfulness egzersizlerinize bağlı kalmak gerçekten zorlu bir iş olabilir. Disiplinli kalmak, sıkı çalışmayı ve devamlılığı gerektirir.

Katılımcılar eğitim bittikten sonra genellikle Mindfulness egzersizlerini uygulamaya devam edip etmemeleri gerektiğini merak ederler. Her uygulamada indirdikleri ses kayıt dosyalarını kullanmaları gerekiyor mu? Bizim deneyimimize göre, genellikle katılımcılar uygulamak için kendi gereksinimlerine uygun yollar buluyorlar. En iyi yaklaşım yaşam tarzınıza uyan bir strateji seçmektir. Bunu derken biz, hafta süresince düzenli olarak uygulama yapmayı öneriyoruz. Mindfulness eğitimini fiziksel egzersizle kıyaslayabilirsiniz. Ayda bir kez spor salonuna gidip çok sıkı bir antrenman yapmak, haftada iki normal seanstan çok daha az etkilidir. Buna ek olarak, alışkanlık oldukça daha kolay duruma gelir. Bu nedenle düzenli uygulama, arada bir olan egzersizden çok daha az zorlayıcı olma eğilimindedir.

Uygulama kayıtlarını dinlemek bir gereklilik değildir. Çoğu insan en sevdiği uygulamaları ezberler. Sizin için en iyisi ne ise onu bulun. Basitçe, hedef mindful olmaktır ve bu hedefi elde etmek için birçok yol vardır. Benzer şekilde, egzersizler üzerinde çok zaman harcamak gerekli değildir çünkü günlük plana kolaylıkla uyabilirler. Düzenli, kısa egzersizler, uzun meditasyonlar kadar etkilidir.

Şema ve modlarınızın yanısıra, bilinçli farkındalığı belirgin şekilde kullandığınız gerçek yaşam olaylarını derinlemesine düşünmenizi ayrıca öneriyoruz. Bu olayları tanımak ve kavramak özgüveninizi kesinlikle destekleyebilir. Aynı şekilde bu, şema ve modlarınıza panzehir gibi etki edebilir. Diyelim ki geçtiğimiz haftayı kendi içsel yaşantınıza (ya da diğerlerininkine) odaklanarak kullandınız ve fark ettiniz ki, belirli durumlarda biraz daha sıcak ve anlayışlı olabilirdiniz. Bu türde bir mindful içgörü, şema ve modlarınız için etkili bir panzehirdir.

Gelecek için planlar

Bu son seansta sizi bir önceki buluşmamızda bulduğunuz stratejiler üzerine düşünmeye davet ediyoruz. Planınızın hangi kısmını gerçekleştirebildiniz? Hangi kısımları iyi gitti, hangileri iyi gitmedi? Hangi stratejilerin yararı olmadığını yargısız bir şekilde belirlemeye çalışın. Telefonunuzdaki Mindfulness uygulaması yardımcı bir araç mı? Özdeğerlendirmenize sizin için önemli olan bir kişiyi dahil etme planınızdan ne sonuç çıktı?

Gelecek için neyin değiştirilmesi veya nasıl ince ayar yapılması gerektiğini eleştirel bir göz ile değerlendirmenizi öneriyoruz. Bazı kişiler planlarını not defterine yazmayı yararlı buluyor. Bazıları bunları cep telefonunda tutuyor. Bu planların asla son olmadığını ve stratejilerin kullanışlı ve güncel olması için sık bir şekilde ince ayara gereksinim duyulduğunu aklınızda bulundurun.

Seans uygulamaları

Bu seans esnasında aşağıdaki egzersizlerden bir tanesi uygulanacaktır. Diğer egzersizler evde dinlenilebilir.

Kırılganlığınızı Gözleyen, Buna Nezaketle Yaklaşan ve Gelecek için Umudu olan Sağlıklı Yetişkin

Bu uygulama duyarlılığınızın, incinebilirliğinizin ve temel duygusal gereksinimlerinizin bilinçli farkındalığında olan Sağlıklı Yetişkininize yönelik farkındalık geliştirmenize yardımcı olacaktır. Sağlıklı Yetişkin içsel yaşantınızı sorgulamaz, ancak basitçe bunun olmasına olanak tanır.

Olma-modu

- Sırtınız dik şekilde bir sandalyeye oturun. Omurganızı arkanıza yaslanmadan düz tutun.
- Sırtınızın rahat ve dik bir pozisyonda yerleşmesine izin verin.
- Ayaklarınızı düz bir şekilde zeminde dinlendirin.
- Gözlerinizi kapatın.
- Sırtınızın farkında olun. Sandalye ile olan temasını duyumsayın. Ne hissediyorsunuz? Şimdi dikkatinizi ellerinize taşıyın. Ellerinizdeki ☞

duyumsamalara karşı bilinçli farkındalık içinde olun. Bundan sonra, dikkatinizi ayaklarınıza taşıyın. Bu duyumsamaları incelemek için birkaç dakika ayırın, tıpkı Beden Tarama egzersizinde yaptığınız gibi.

- Nefesinize ilişkin bilinçli farkındalık içinde olun; nefesinizi şu anda nerede hissettiğinizi fark edin. Karnınızın hareketine odaklanabilirsiniz. Ya da her nefeste burnunuza girip, çıkan havaya. Nefesiniz en çok nerede mevcutsa dikkatinizi orada tutun.

Yapma-modu

Olma-modunda bir süre dinlendikten sonra, farkındalıkla aşağıdakileri düşünürken gözlerinizi kapalı tutun:

- Geçtiğimiz hafta ile ilgili derin düşünmeye biraz odaklanın. Duyarlılığınızın, şemalarınızı tetiklemeye izin verdiği zamanları düşünün. Belki de bir olaydan ve ortaya çıkan acılı ya da zorlayıcı duygulardan etkilendiniz ya da rahatsız oldunuz. Bu olaylara yargısız bir şekilde; açık ve meraklı bir zihin ile tekrar bakın.
- Bu uygulama sırasında dikkatinizin azaldığını fark ederseniz, basitçe dikkatin dağıldığının bilincine varın ve odağınızı geri kazanın. Hepimiz insanız ve hepimizin dikkati dağılır.
- Bu zor durumlarda Sağlıklı Yetişkin tarafınızın, kırılgan modlarınızın farkında olup olmadığını ele alın. Onun, yaralanmış ya da acı verici duygularla zorlanmış tarafınıza karşı ne kadar mindful olduğunu gözden geçirin. Bu anlarda incinmiş modunuz her ne düşünür veya her ne hisseder ise, kendinize bunu yaşamak için izin vermeyi deneyin.
- Sağlıklı Yetişkin, kırılganlığımızı yargılamaz; ona nazik ve yumuşaklıkla yaklaşır. Sağlıklı Yetişkin hassas modlarınıza karşı mindful olmak için ne kadar süre gerekiyorsa kullanır. Duyarlılığınızın hem şimdi hem de gelecekte gereksineceği tüm alan ve bakımı almasına yönelik çaba gösterir.
- Sağlıklı Yetişkin kırılgan modunuzun duygusal ihtiyaçlarını da hesaba katar. Geçtiğimiz hafta kırılgan modunuzun bu durumlar

☞

karşısında neye ihtiyacı oldu? Başka bir insanın farkındalığını veya onayını aradı mı? Kendi öz sınırlarının duyumsamasını aradı mı? Biraz salmayı, spontane olmayı istedi mi? Herhangi başka bir şey?

- Eğer Sağlıklı Yetişkininiz, kırılgan modunuzun kendi gereksinimlerini anlamadığını fark ederse, Sağlıklı Yetişkin yine yargısız kalmaya devam eder. Sizi rahatlatır ve herhangi bir eyleme yönelik tepkiye karşı dikkatli olur. Bilinçli farkındalığınıza övgüde bulunarak ve temel duygusal ihtiyaçlarınızı nasıl belirleyeceğinizi öğrenmenin zaman alacağını bildirerek umudunuza esin verir. Kendinizin Sağlıklı Yetişkin yanınız üzerinde uzmanlaşmamış olmamanız tamamen normaldir. Duygusal ihtiyaçlarınızı mindful bir şekilde öğrenme çalışması için şimdi ve gelecekte gereksineceğiniz tüm alana sahipsiniz.
- Şimdi yavaşça nefesinize dönün. İçeriye giren ve dışarıya çıkan her nefesin farkında olarak, kendinize Sağlıklı Yetişkinin gelecekte günlük duygusal yaşantılarınızın bilinçli farkındalığını besleyip yetiştirmeye devam etmesi için neye ihtiyacı olacağını sorun.
- Şimdi yavaşça 3'e kadar sayacağım, sonrasında gözlerinizi açabilirsiniz. Yapma-moduna dönmeden önce, kendinizin ve şu an içinde bulunduğunuz çevrenin farkında olmak için birkaç dakika ayırın... 1... 2 ... 3.

Mindful bir Geleceği Planlamak

Bu egzersiz gelecekteki Mindfulness çalışmalarınızı destekleyecek ve gözleyecek olan Sağlıklı Yetişkininize yönelik farkındalık geliştirmenize ayrıca da buna ulaşmak için gelecekte atacağınız adımlara yardımcı olacaktır.

Olma-modu

- Sırtınız dik bir şekilde bir sandalyeye oturun. Omurganızı arkanıza yaslamadan düz tutun.
- Sırtınızın rahat ve dik bir pozisyonda yerleşmesine olanak verin.
- Ayaklarınızı düz bir şekilde zemine yerleştirin.
- Gözlerinizi kapatın.
- Sırtınızın farkında olun. Sandalye ile olan temasınızı duyumsayın. Ne hissediyorsunuz? Şimdi dikkatinizi ellerinize taşıyın. Ellerinizdeki duyumsamalara karşı mindful olun. Bundan sonra, dikkatinizi ayaklarınıza taşıyın. Bu duyumsamaları incelemek için aynen Beden Tarama uygulamasında yaptığınız gibi birkaç dakika ayırın.
- Nefesinize ilişkin farkındalıklı olun; nefesinizi şu anda nerede hissettiğinizi fark edin. Karnınızın hareketine odaklanabilirsiniz ya da her nefeste burnunuza girip, çıkan havaya. Nefesiniz en çok nerede mevcutsa dikkatinizi oraya odaklı tutun.

Yapma-modu

Olma-modunda bir süre dinlendikten sonra, farkındalıkla aşağıdakileri düşünürken gözlerinizi kapalı tutun:

- İçinde olduğunuz ana karşı açık ve meraklı bir bilinçli farkındalık içinde olun. Hayatınızda Mindfulness uygulamaya devam etmek için daha önce kurduğunuz planları ele alın. Planlarınız üzerine, onları yapıp yapmadığınızı yargılamaksızın düşünün.
- Planlarınızı düşünürken ortaya çıkan herhangi duygu ve düşünceye karşı mindful olun. Her ne gelir ise, oluruna bırakın; yargısızca gözlemleyin.

☞

- Planlarınız üzerine düşünürken, bunları harekete geçirmek için bilinçli bir arzu fark ediyor musunuz? Mindfulness uygulamak için yeni planlar yapmayı diliyor musunuz? Veya yapma-moduna hemen geçmeden, ani çözüm bulma dürtüsü hissetmeden sadece üzerine düşünmeyi mi yeğliyorsunuz?
- Şimdi yavaşça nefesinize dönün. İçeri giren ve dışarı çıkan her nefesin farkında olarak, kendinize Sağlıklı Yetişkinin gelecekte günlük duygusal yaşantılarınızın bilinçli farkındalığını besleyip yetiştirmeye devam etmesi için neye ihtiyacı olacağını sorun. Daha çok var olarak ve uyanık şekilde. Bunun gerçekleşmesinde Sağlıklı Yetişkininizin daha mindful olmak için başka neye gereksinimi olduğun özenle düşünün.
- Şimdi yavaşça 3'e kadar sayacağım, sonrasında gözlerinizi açabilirsiniz. Yapma-moduna dönmeden önce, kendinizin ve şu an içinde bulunduğunuz çevrenin farkında olmak için birkaç dakika ayırın ... 1... 2 ... 3.

Eğitim programımız bununla son buluyor. Size gelecekte bolca Mindfulness diliyoruz.

EK III-A Ödev Kağıdı

Günlük Mindfulness

Şema ve mod farkındalığı geliştirmede önemli bir adım gündelik hayatta etrafınızda neler olduğunun farkında olmaktır. Bunu başarmanın yollarından birisi de olağan etkinlik ve işleri daha geniş bir farkındalıkla gerçekleştirmektir. Bazı insanlar farkındalıkla dişlerini fırçalarken bazıları da yemeklerini yerken veya market alışverişi yaparken bunu deneyimler. Daha fazla var olarak ve dikkatli olarak yapmak istediğiniz kısa ve basit bir günlük etkinlik seçin. Gündelik olarak var olan bazı etkileşimler de Mindfulness için bir olanaktır. Bu etkileşimlere kuru üzüm egzersizine yaklaştığınız gibi aynı derecede dikkat ve merak ile yaklaşın. Seçtiğiniz etkinlik sırasında oluşan tüm deneyimleri de farkındalıkla gözlemleyin.

Bazı basit günlük etkinliklerden örnekler:

- Dişlerinizi fırçalamak
- Üstünüzü değiştirmek
- Kontakt lenslerinizi takmak/çıkarmak
- Saçınızı kurutmak
- Makyaj yapmak
- Duş sonrası kurulanmak

- Bir öğünün ilk lokmaları
- Merdivenleri çıkmak
- Bir bardak çay veya kahve hazırlama, içmek
- Müzik dinlemek
- Bir öğün hazırlamak
- Tren, otobüs, metro duraklarından veya otoparktan gideceğiniz yere yürümek
- Eşinizle veya çocuklarınızla akşam yemeğindeki sohbetiniz
- Anne veya babanızla günlük telefon konuşmanız

Bu etkinliklerin tümü normal bir tempoda gerçekleştirilebilir veya farkındalığı artırmak için yavaş bir tempoya düşürülebilir. Bir etkinliği birbirini izleyen birçok gün içinde yapmayı deneyin. Her uygulamaya etkinliğin birincil, ilk kısmına odaklanarak başlayın. Örneğin: Diş fırçanızla dişinizin, dilinizin ve diş etlerinizin ilk temas ettiği anlar. Daha sonra dikkatinizi etkinliğin diğer bölümlerine de genişletin; kolunuzun diş fırçasını hareket ettirmesi, bedeninizin diğer bölümleri, görüş, kokular, sesler, tatlar, düşünceler ve hisler gibi.

EK III-B Ödev Kağıdı

Tarih: ....

Beş Boyutlu Bilinçli Farkındalık Ölçeği*

Aşağıda verilen maddelerdeki ifadelere ne derece katılıp katılmadığınızı altta verilen derecelendirmeyi kullanarak belirtiniz. Lütfen kendi fikrinizi yansıtan ve size en uygun ve yakın gelen sayıyı cümlelerin önündeki boşluklara yazınız.

1	2	3	4	5
Kesinlikle doğru değil	Nadiren doğru	Bazen doğru	Çoğunlukla doğru	Her zaman doğru

.... 1 Yürürken vücudumda oluşan hareketlerin verdiği hislere özellikle dikkat ederim.
.... 2 Duygularımı tanımlayan sözcükleri bulmakta iyiyimdir.
.... 3 Mantığa aykırı veya yersiz duygular yaşadığımda kendimi eleştiririm.
.... 4 Duygu ve duyularımı, onları reddetmeksizin algılarım.
.... 5 Bir şeyler yaparken konudan uzaklaşırım ve dikkatim kolay dağılır.
.... 6 Duş veya banyo yaparken, suyun bedenim üzerinde yarattığı hislere karşı duyarlıyımdır.

* Orijinali: "Baer, R. A., Smith, T., Hopkins, J., Krietemeyer, J., & Toney, L. (2006), Using self-report assessment methods to explore facets of Mindfulness Assessment, 13, ss. 27-45." Metnin yayınında yer alan anket Uzm. Psk. Fatoş Kınay tarafından Türkçe'ye çevrilmiş, geçerlik güvenirlik çalışması yapılmıştır: Kınay, F. (2013). *Beş Boyutlu Bilinçli Farkındalık Ölçeği'ni Türkçe'ye Uyarlama, Geçerlik Ve Güvenirlik Çalışması* (yüksek lisans tezi, İstanbul Bilim Üniversitesi, Sosyal Bilimler Enstitüsü, İstanbul. (Ed. n.)

.... 1 Yürürken vücudumda oluşan hareketlerin verdiği hislere özellikle dikkat ederim.
.... 2 Duygularımı tanımlayan sözcükleri bulmakta iyiyimdir.
.... 3 Mantığa aykırı veya yersiz duygular yaşadığımda kendimi eleştiririm.
.... 4 Duygu ve hislerimi, onları reddetmeksizin algılarım.
.... 5 Bir şeyler yaparken konudan uzaklaşırım ve dikkatim kolay dağılır.
.... 6 Duş veya banyo yaparken, suyun bedenim üzerinde yarattığı hislere karşı duyarlıyımdır.
.... 7 İnanç, görüş ve beklentilerimi kolayca sözcüklere dökebilirim.
.... 8 Ne yaptığıma dikkat etmem; çünkü ya dalıp giderim ya endişelenirim ya da bir şekilde dikkatim dağılmış olur.
.... 9 Duygularımın içinde kaybolup gitmeden onları izleyebilirim.
.... 10 Kendi kendime hissettiğim şekilde hissetmemem gerektiğini söylediğim olur.
.... 11 Yediğim ve içtiğim şeylerin düşünncelerimi, bedensel duyularımı ve duygularımı nasıl etkilediklerini fark ederim.
.... 12 Düşüncelerimi tanımlayan sözcükleri bulmak benim için zordur.
.... 13 Dikkatim kolay dağılır.
.... 14 Bazı düşüncelerimin anormal veya kötü olduğuna ve o şekilde düşünmemem gerektiğine inanırım.
.... 15 Saçlarımın arasında dolaşan rüzgar ve yüzüme vuran güneş gibi duyumsamalara dikkat ederim.
.... 16 Bir şeyler hakkında neler hissettiğimi ifade edecek doğru sözcükleri düşünmekte zorlanırım.
.... 17 Düşüncelerimin iyi veya kötü olup olmadığı konusunda değerlendirmeler yaparım.
.... 18 Şu anda olup bitene odaklanmak benim için zordur.
.... 19 Bana sıkıntı veren düşünce ve imgelere sahip olduğumda, bir adım geri atar ve o düşünce ve imgeye esir olmadan, onları fark ederim.
.... 20 Saatlerin tıklaması, kuşarın cıvıltısı ya da yoldan geçen araçların gürültüleri gibi seslere dikkat ederim.
.... 21 Zor durumlarda, hemen tepki vermeden duraksayabilirim.
.... 22 Bedenimde bir şey duyumsadığımda, bunu tanımlamak bana zor gelir; çünkü doğru sözcükleri bulamam.
.... 23 Ne yaptığımın pek farkına varmaksızın, otomatiğe bağlanmışım gibime geliyor.

.... 24 Bana sıkıntı veren düşünce ve imgelere sahip olduğumda, çok geçmeden kendimi sakin hissederim.
.... 25 Kendi kendime, düşündüğüm şekilde düşünmemem gerektiğini söylerim.
.... 26 Çevremdeki koku ve aromaları fark ederim.
.... 27 Kendimi çok kötü hissettiğim durumlarda bile, bu durumu sözcüklere dökmenin bir yolunu bulabilirim.
.... 28 Ne yaptığıma çok dikkat etmeksizin, işlerimi acele ile yapıp geçerim.
.... 29 Bana sıkıntı veren düşünce ve imgelere sahip olduğumda, tepki vermeksizin onları fark ederim.
.... 31 Bazı duygularımın kötü veya yersiz olduğunu ve bunları hissetmemem gerektiğini düşünürüm.
.... 32 Sanat veya doğadaki görsel ogeleri; örneğin renkleri, şekilleri, dokuları ya da ışık ve gölge motiflerini fark ederim.
.... 33 Deneyimlerimi kelimelere dökmek gibi doğal bir eğilimim vardır.
.... 34 Bana sıkıntı veren düşünce ve imgelere sahip olduğumda, onları sadece fark eder ve salıveririm.
.... 35 Ne yaptığımın farkına varmaksızın, iş ve görevlerimi otomatiğe bağlanmış gibi yaparım.
.... 36 Bana sıkıntı veren düşünce ve imgelere sahip olduğumda, o düşünce ve imgenin ne olduğuna bağlı olarak kendimi iyi veya kötü bir insan olarak değerlendiririm.
.... 37 Duygularımın düşünce ve davranışlarımı nasıl etkilediğine dikkat ederim.
.... 38 Genellikle şu anda nasıl hissettiğimi ayrıntılı bir biçimde tanımlayabilirim.
.... 39 Kendimi, ne yaptığıma dikkat etmeksizin bir şeyler yaparken bulurum. Mantığa aykırı fikirlerim olduğu zaman kendimi onaylamam.

EK III-C Ödev Kağıdı

Şema Farkındalığını Geliştirmek

Bu form, şemalarınızın gücünü değerlendirmenizde size yardımcı olabilecek sorular içerir. Her şemayı haftalık olarak ne kadar gözlemlediğinizi değerlendirin. Deneyimlerinizin üzerinde düşünmenize yardımcı olabilir: Ne tür düşünceler, duygular, davranışlar ve fiziksel duyumsamalar hissettiniz? Her bir şemanın ortaya çıkışını ne sıklıkta fark ettiniz? Hangi yoğunlukta? Şemalarınızın farkında olurken herhangi bir değişim deneyimlediniz mi? Sahip olduğunuz üç şemadan her biri için bu şekilde üzerinden geçin.

Puanınızı doldurduktan sonra, formun son kısmını size şemalarınızın, şema modlarınızın ve şema davranışlarınızın farkında olmakta ne yardım ettiyse onu yazmak için kullanın. Eğer bir durumda sizin farklı davranmanıza neyin yardımcı olduğunu biliyorsanız, bu tam olarak da şema ve mod farkındalığı oluyor (daha çok sağlıklı yetişkin ve mutlu çocuk modunda davranmak), bunu da yazmanızı öneririz.

1. Şema farkındalığı puanı

   (Şemanın adını aşağıya yazınız)

   ....

   Bu şemayı bu hafta gözlemleme düzeyinizi yansıtan bir farkındalık derecesi yazın (0 ila 10 arasında, 0 hiç gözlem yapmamaya denk gelirken, 10 yüksek derecede farkındalıklı gözleme denk gelir).

2. Şema farkındalığı sonucu

   (Şemanın adını aşağıya yazınız)

   ....

   Bu şemayı bu hafta gözlemleme düzeyinizi yansıtan bir farkındalık derecesi yazın (0 – 10 arasında, 0 hiç gözlem yapmamaya denk gelirken , 10 yüksek derecede farkındalıklı gözleme denk gelir).

3. Şema farkındalığı sonucu

   (Şemanın adını aşağıya yazınız)

   ....

   Bu şemayı bu hafta gözlemleme düzeyinizi yansıtan bir farkındalık derecesi yazın (0 ila 10 arasında, 0 hiç gözlem yapmamaya denk gelirken , 10 yüksek derecede farkındalıklı gözleme denk gelir).

Aşağıda belirtilen benim şemalarıma, şema modlarıma ve şema davranışlarıma daha yüksek bir bilinçli farkındalıkla yaklaşmama yardım etti.

(Duyguları farklı algılama biçimlerinizi, ama aynı zamanda bedensel duyumsamalarınızı ve farklı davranış biçimlerinizi de gözönünde bulundurun).

....

....

....

....

EK III-D Ödev Kağıdı

Özet Yazma

Kendi sözcüklerinizi kullanarak, az önce tamamladığınız Mindfulness seansı hakkında kısa bir özet yazın. Kendi sözcüklerinizi kullanarak not almanın belleği güçlendirmede etkili bir yöntem olduğu gösterilmiş bulunmaktadır. Bu formu, önemli fikirleri ve öğrendiğiniz diğer şeylerin kaydını tutmak için kullanın.

Katılınılan seans sayısı: .....

Kalan seans sayısı: .....

Seansın kısa özeti   Tarih: ....

....

....

....

Bu seanstan ne hatırlamak istiyorum:

....

....

....

Ödev:

1. Bir özet yaz
2. Bir önceki seansla ilgili okuma yap
3. Mindfulness uygulaması yap

Şema ve mod bilinçli farkındalığını geliştirmek düzenli uygulama gerektirir. Bu sürece katkıda bulunmak için, belirli uygulamaları hangi sıklıkta yaptığınızın kaydını tutmanızı öneriyoruz. Aşağıdaki listeden bu hafta en az dört kez uyguladığınız maddeyi işaretleyin (ödev olarak verilmiş olan uygulamalar dahil).

Dört kezden fazla uyguladınız mı?
(Uygulamadıysanız nedenini belirtin. Bunu yapmak, mindful karar verme mekanizmasını destekler).

Uygulama 1.1: Kuru Üzüm Egzersizi
Uygulama 2.1: Çevrenizin Bilinçli Farkındalığı
Uygulama 3.1: Üç Dakikalık Nefes Alanı
Uygulama 3.2: Acı Veren Anıların Bilinçli Farkındalığı
Uygulama 3.3: Mindful Yürüyüş
Uygulama 4.1: Mindful Hokkabazlık
Uygulama 4.2: Şema Farkındalığı Geliştirmek
Uygulama 4.3: Şemaları Tanımak
Uygulama 5.1: Üç Dakikalık Şema Farkındalığı
Uygulama 5.2: Kendine ve Diğerine Karşı Mindful Kabul
Uygulama 6.1: Bilinçli Farkındalık Niyetiyle Yürüyüş
Uygulama 6.2: Şemaları Bırakmak
Uygulama 7.1: Sağlıklı Yetişkin ve Mutlu Çocuğun Bilinçli Farkındalığı

Uygulama 7.2: Gelecek için Hazırlanma
Uygulama 7.3: Sağlıklı Yetişkin ve Mutlu Çocuğun Neye İhtiyacı Var?
Uygulama 7.4: Sadece Düşünceler Olarak Şemaların Bilinçli Farkındalığı
Uygulama 8.1: Kendinin Çocuk ve Yetişkin Olarak Bilinçli Farkındalığı
Uygulama 8.2: Kişisel Etkileşimlerde Şema ve Mod Farkındalığı ile Hokkabazlık

EK III-E Şema Başa Çıkma Ölçeği

Aşağıda listelenenler birkaç çeşitli (şema) davranışlarını açıklayan ifadelerdir. Her ifadeyi dikkatlice okuyun ve size ne dereceye kadar uyduğunu değerlendirin. Puanı belirlemek için, her ifadenin yanına 1 ile 6 arasında bir rakam yazın.

Puanlar:

1. Bana hiçbir şekilde uymuyor
2. Bana sadece kısmen uyuyor
3. Bana biraz uyuyor
4. Önemli oranda bana uyuyor
5. Yüksek oranda bana uyuyor
6. Eksiksiz oranda bana uyuyor

1. ..... Acı, üzüntü, ya da kızgınlık duymaktan kaçınmaya çalışırım.
2. ..... Diğerleri tarafından eleştirildiğimde kendimi genellikle savunmaya alırım.
3. ..... Sıklıkla kendi kendime "Biliyordum..." ya da "Tam da tahmin ettiğim gibi..." diye düşünürüm.
4. ..... Tipik bir şekilde boşta dahi olsam çok fazla çalışırım.
5. ..... Bir şeyleri kendim yapmayı yeğlerim (diğerlerinin yardımı olmaksızın).
6. ..... Kendimi ne zaman mutsuz ya da kızgın hissedersem kendimi diğerlerinden geri çekerim.

7. ..... Diğerlerinin düşünceleri, duyguları ve hareketlerine yönelik iyi bir içgörüm olduğuna inanıyorum.
8. ..... Stres altındayken sıklıkla fiziksel semptomlar yaşarım.
9. ..... Sürekli olarak diğerlerinin ihtiyaç ve isteklerini kendiminkilerinin önüne koyarım.
10. ..... İnsanların bana nasıl tepki verdikleri hakkında analiz yapmaya oldukça zaman harcıyorum.
11. ..... Dikkatimi dağıtma yolu olarak çok fazla televizyon izliyor, ya da, bilgisayar başında saatlerce zaman harcıyorum.
12. ..... Çok eleştirelimdir (kendime) ve bir şeylerin pürüzsüz ilerlemesi için sürekli çaba gösteririm.
13. ..... Kaygı duyduğum her şeyin (öyle ya da böyle) geçeceğine inanıyorum.
14. ..... Sık sık aslında olduğumdan daha iyi hissediyormuş gibi yaparım.
15. ..... Başkaları tarafından sık sık hayal kırıklığına uğratılırım.
16. ..... Normalde ne zaman kötü hissedersem uyumaya giderim ya da dikkatimi dağıtacak şeyler ararım.

Şema başa çıkma ölçeğini puanlama: Her üç şema başa çıkma biçimi ile ilişkili maddeler aşağıda listelenmiştir. Her alt ölçeğe ait ortalama puanlar hesaplanır. Her alt ölçekteki beş ve altıların sıklığı da sayılmalıdır. Bu belirteçler sizin baskın olan şema başa çıkma tarzınızı gösterir.

Şema kaçınması
Maddeler: 1,6, 8, 11, 16

Şema teslimi
Maddeler: 3, 7, 10, 13, 15

Şema aşırı telafisi
Maddeler: 2, 4, 5, 9, 12, 14

Kısım 4
Ses Dosyaları Listesi

Aşağıdaki ses dosyalarının İngilizceleri şu adresteki web sitesinden indirilebilir:

https://www.mfvanvreeswijk.com/downloads/all-audiofiles-which-are-part-of-the-book-Mindfulness-and-schema-therapy-a-practical-guide-2014

Aynı ses dosyalarının Türkçelerini F. Sevinç Göral Alkan'ın sesinden www.psikonet.com/semamindful web sitesinden dinleyebilirsiniz.

1. Uygulama 1.2: Beden Tarama
2. Uygulama 2.1: Çevrenizin Bilinçli Farkındalığı
3. Uygulama 3.1: Üç Dakikalık Nefes Alanı
4. Uygulama 3.2: Acı Veren Anıların Bilinçli Farkındalığı Uygulaması
5. Uygulama 3.3: Mindful Yürüyüş
6. Uygulama 4.2: Şema Bilinçli Farkındalığını Geliştirmek
7. Uygulama 4.3: Şemalarınızı Tanımak
8. Uygulama 5.1 : Üç Dakikalık Şema Bilinçli Farkındalığı
9. Uygulama 6.1: Bilinçli Farkındalık Niyetiyle Yürüyüş
10. Uygulama 6.2: Şemaları Bırakmak
11. Uygulama 7.1: Sağlıklı Yetişkin ve Mutlu Çocuğun Bilinçli Farkındalığı
12. Uygulama 7.4: Sadece Düşünceler Olarak Şemaların Bilinçli Farkındalığı
13. Uygulama 8.1: Kendinin Çocuk ve Yetişkin Olarak Bilinçli Farkındalığı
14. İlk İzleme Seansı Uygulaması: Gündelik Hayata Bilinçli Farkındalığı Getiren Sağlıklı Yetişkin
15. İkinci İzleme Seansı Uygulaması: Kırılganlığınızı Gözleyen, Buna Nezaketle Yaklaşan ve Gelecek için Umudu olan Sağlıklı Yetişkin
16. İkinci İzleme Seansı Uygulaması: Mindful bir Geleceği Planlamak

KAYNAKÇA

Aalderen, J. R. van, Donders, A. R. T., Spinhoven, P., Giommi, F., Barendregt, H. P. ve Speckens, A. E. M. (2012). The efficacy of Mindfulness-based cognitive therapy in recurrent depressed patients with and without a current depressive episode: A randomized controlled trial. *Psychological Medicine*, 42(5), 989-1001.

Arntz, A., Genderen, H. van ve Wijts, P. (2006). Persoonlijkheidsstoornissen. In W. Vandereycken, C. A. L. Hoogduin ve P. M. G. Emmelkamp (Ed.), Handboek Psychopathologie deel 2, *Klinische praktijk* (ss. 443-479). Houten: Bohn Stafleu van Loghum.

Arntz, A. ve van Genderen, H. (2009). *Schema Therapy for Borderline Personality Disorder*. Oxford: Wiley-Blackwell.

Asselt, A. D. I. van, Dirksen, C. D., Arntz, A., Giesen-Bloo, J. H., Dyck, R. van, Spinhoven, P., Tilburg, W. van, Kremers, I. P., Nadort, M. ve Severens, J. L. (2008). Outpatient psychotherapy for borderline personality disorder: Cost effectiveness of schema-focused therapy versus transference focused psychotherapy. *British Journal of Psychiatry*, 192, 450-457.

Atkinson, T. (2012). Schema Therapy for Couples: Healing Partners in a Relationship. İçinde: M. F. van Vreeswijk, J. Broersen ve M. Nadort, *The Wiley- Blackwell handbook of Schema Therapy, theory, research, and practice*. Oxford: Wiley-Blackwell.

Baer, R. A. (Ed.). (2010). *Assessing Mindfulness and acceptance processes in clients: Illuminating the theory and practice of change*. Oakland: New Harbinger.

Baer, R. A., Smith, G. T. ve Allen, K. B. (2004). Assessment of Mindfulness by self-report: The Kentucky Inventory of Mindfulness Skills, *Assessment*, 11, 191-206.

Baer, R. A., Smith, T., Hopkins, J., Krietemeyer, J. ve Toney, L. (2006). Using self-report assessment methods to explore facets of Mindfulness. *Assessment*, 13, 27-45.

Baert, S., Goeleven, E. ve Raedt, R. de (2006). Aandacht voor Mindfulness-Based Cognitive Therapy; en erna. *Gedragstherapie*, 39(1), 23-42.

Bamelis, L. M., Evers, S. M. A. A., Spinhoven, Ph. ve Arntz, A. (2014). Results of a multicenter randomized controlled trial of the clinical effectiveness of Schema Therapy for personality disorders. *American Journal of Psychiatry*, 171, 305-322.

Barlow, D. H., Farchione, T. J., Fairholme, C. P., Ellard, K. K., Boisseau, C. L., Allen, L. B. ve Ehrenreich- May, J. (2011). *Unified Protocol for Transdiagnostic Treatment of Emotional Disorders: Therapist guide*. New York: Oxford University Press.

Bernstein, D., Arntz, A. ve Vos, M. E. de (2007). Schemagerichte therapie in forensische settings: theoretisch model en richtlijnen voor best clinical practice. *Tijdschrift voor Psychotherapie*, 33, 120-139.

Biegel, G. M., Brown, K. W., Shapiro, S. L. ve Schubert, C. M. (2009). Mindfulness-based stress reduction for the treatment of adolescent psychiatric outpatients: A randomized clinical trial. *Journal of Consulting and Clinical Psychology*, 77(5), 855-866.

Bishop, S.R., Lau, M., Shapiro, S., Carlson, L., Anderson, N.D., Carmody, J., Segal, Z. V., et al. (2004). Mindfulness: A proposed operational definition. *Clinical Psychology: Science and Practice*, 11, 230-241.

Black, D. S. (2013). *Mindful research guide*. Retrieved from http://www.mindfulexperience.org/resources/trends_figure_cited.pdf.

Bowen, S. ve Kurz, A. (2012). Between-session practice and therapeutic alliance as predictors of Mindfulness after Mindfulness-based relapse prevention. *Journal of Clinical Psychology*, 68, 236-245.

Brown, K. W. ve Ryan, R. M. (2003). The benefits of being present: Mindfulness and its role in psychological well-being. *Journal of Personality and Social Psychology*, 84, 822-848.

Buchheld, N., Grossman, P. ve Walach, H. (2011). Measuring Mindfulness in insight meditation (vipassana) and meditation-based psychotherapy: The development of the Freiburg Mindfulness Inventory (FMI). *Journal for Meditation and Meditation Research*, 1, 11-34.

Carmody, J. (2009). Evolving conceptions of Mindfulness in clinical settings. *Journal of Cognitive Psychotherapy*, 23, 270-280.

Carmody, J. ve Baer, R. A. (2009). How long does a Mindfulness-based stress reduction program need to be? A review of class contact hours and effect sizes for psychological distress. *Journal of Clinical Psychology*, 65(6), 627-638.

Carmody, J., Baer, R. A., Lykins, E. L .B. ve Olendzki, N. (2009). An empirical study of the mechanisms of Mindfulness in a Mindfulness-based stress reduction program. *Journal of Clinical Psychology*, 65(6), 613-626.

Chadwick, P., Newman Taylor, K. ve Abba, N. (2005). Mindfulness groups for people with psychosis. *Behavioural and Cognitive Psychotherapy*, 33, 351-359.

Chambers, R., Gullone, E. ve Allen, N. B. (2009). Mindful emotion regulation: An integrative review. *Clinical Psychology Review*, 29, 560-572.

Chiesa, A., Calati, R. ve Serretti, A. (2011). Does Mindfulness training improve cognitive abilities? A systematic review of neuropsychological findings. *Clinical Psychology Review*, 31, 449-464.

Chiesa, A., Serretti, A. & Jakobsen, J. A. (2013). Mindfulness: Top-down or bottom-up emotion regulation strategy? *Clinical Psychology Review*, 33, 82-96.

Davidson, R. J., Kabat-Zinn, J., Schumacher, J., Rosenkrantz, M., Muller, D., Santorelli, S. F., Sheridan, J. F. (2003). Alterations in brain and immune function produced by Mindfulness meditation. *Psychosomatic Medicine*, 65, 564-570.

Derogatis, L. R. ve Spencer, P. M. (1982). *Administration and procedures: BSI. Manual I.* Baltimore, MD: Clinical Psychometric Research.

Farchione, T. J., Fairholme, C. P., Ellard, K. K., Boisseau, C. L., Thompson-Hollands, J., Carl, J. R., ve ark. (2012). Unified Protocol for Transdiagnostic Treatment of Emotional Disorders: A randomised controlled trial. *Behavior Therapy*, 43, 666-678.

Farrell, J., Shaw, I. ve Webber, M. (2009). A schema-focused approach to group psychotherapy for outpatients with borderline personality disorder: A randomized controlled trial. *Journal of Behavior Therapy and Experimental Psychiatry*, 40, 317-328.

Fredrickson, B. L. (2004). The broaden and build theory of positive emotion. *Philosophical Transactions: Biological Sciences*, 359, 1367-1377.

Fulton, P. R. (2005). Mindfulness as clinical training. İçinde: C.K. Germer (Ed.), *Mindfulness and psychotherapy*. New York: Guilford Press.

Fulton, P. R. (2008). Anatta: Self, non-self and the therapist. İçinde: S. Hick ve T. Bien (Ed.), *Mindfulness and therapeutic relationship.* New York: Guilford Press.

Förster, J., Friedman, R. S., .zelsel, A. ve Denzler, M. (2006). Enactment of approach and avoidance behavior influences the scope of perceptual and conceptual attention. *Journal of Experimental Social Psychology*, 42, 133–146.

Förster, J. ve Higgins, E. T. (2005). How global versus local perception fits regulatory focus. *Psychological Science*, 16, 631–636.

Geerdink, M. T., Jongman, E. J. ve Scholing, H. A. (2012). Schema Therapy in Adolescents. İçinde: M.F. van Vreeswijk, J. Broersen ve M. Nadort. *The Wiley-Blackwell handbook of Schema Therapy, theory, research, and practice*. Oxford: Wiley-Blackwell.

Germer, C. K. (2005). *Mindfulness and psychotherapy.* New York: Guilford Pr.

Geschwind, N., Peeters, F., Huibers, M., Os, J. van ve Wichers, M. (2012). Efficacy of Mindfulness-based cognitive therapy in relation to prior history of depression: Randomised controlled trial. *British Journal of Psychiatry*, 201(4), 320–325.

Giesen-Bloo, J., Dyck, R. van, Spinhoven, P., Tilburg, W. van, Dirksen, C., Asselt, T. van, Kremers, I., Nadort, M. ve Arntz, A. (2006). Outpatient psychotherapy for borderline personality disorder: A randomized trial of schema-focused therapy vs. transference-focused psychotherapy. *Archives of General Psychiatry*, 63, 649–658.

Goleman, D. (1988). *The meditative mind: The varieties of meditative experience.* New York: Tarcher/Putnam Books.

Grabovac, A. D., Lau, M. A. ve Willet, B. R. (2011). Mechanisms of Mindfulness: A Buddhist psychological model. *Mindfulness*, 2, 154–166.

Grepmair, L., Mitterlehner, F., Loew, T., Bachler, E., Rother, W. ve Nickel, M. (2007). Promoting Mindfulness in psychotherapists in training influences the treatment results of their patients: A randomized, double-blind, controlled study. *Psychotherapy and Psychosomatics*, 76, 332–338.

Gunaratana, B. H. (2011). *Mindfulness in plain English.* Sommervile: Wisdom.

Haeyen, S. (2006). *Imaginatie in schemagerichte beeldende therapie. Tijdschrift voor creatieve therapie*, 3–10.

Haeyen, S. (2007). *Niet uitleven maar beleven, beeldende therapie bij persoonlijkheidsproblematiek.* Houten: Bohn Stafleu van Loghum.

Hargus, E., Crane, C., Barnhofer, T. ve Williams, J. M. (2010). Effects of Mindfulness on meta-awareness and specificity of describing prodromal symptoms in suicidal depression. *Emotion*, 10, 34 ? 42.

Hayes, S. C. (2005). Acceptance and commitment therapy, relational frame theory, and the third wave of behavioral and cognitive therapies. *Clinical Psychology and Psychotherapy*, 11, 137-144.

Hayes, S. C., Wilson, K. G., Gifford, E. V., Follette, V. M. ve Strosahl, K (1996). Experiential avoidance and behavioral disorders: A functional dimensional approach to diagnosis and treatment. *Journal of Consulting and Clinical Psychology*, 64, 1152-1168.

Hill, C. L. ve Updegraff, J. A. (2012). Mindfulness and its relationship toemotional regulation. *Emotion*, 12(1), 81-90.

Hofmann, S. G., Sawyer, A. T., Witt, A. A. ve Oh, D. (2010). The effect of Mindfulness-based therapy on anxiety and depression: A meta-analytic review. *Journal of Consulting and Clinical Psychology*, 78, 169-183.

H.Izel, B. K., Carmody, J., Vangel, M., Congleton, C., Yerramsetti, S. M., Gard, T. ve Lazar, S. W. (2011). Mindfulness practice leads to increases in regional brain gray matter density. *Psychiatry Research*, 191, 36-43.

Hout, M. A. van den, Engelhard, I. M., Beetsma, D., Slofstra, C., Hornsveld, H. ve Houtveen, J. (2010). Commonalities, EMDR and MBCT: Eye movements and attentional breathing tax working memory and reduce vividness of aversive ideation. *Journal of Behavioral Therapy and Experimental Psychiatry*, 42, 423-431.

Jazaieri, H., Goldin, P. R., Werner, K., Ziv, M. ve Gross, J. J. (2012). A randomized trial of MBSR versus aerobic exercise for social anxiety disorder. *Journal of Clinical Psychology*, 68(7), 715-731.

Kabat-Zinn, J. (1990). *Full catastrophe living: The program of the stress reduction clinic at the University of Massachusetts Medical Center.* New York: Delta.

Khoury, B., Lecomte, T., Fortin, G., Masse, M., Therien, P., Bouchard, C. ve Hofmann, S. G. (2013). Mindfulness-based therapy: A comprehensive meta-analysis. *Clinical Psychological Review*, 33(6), 763-771.

Klainin-Yobas, P., Cho, M. A. A. ve Creedy, D. (2012). Efficacy of Mindfulnessbased interventions on depressive symptoms among people with mental disorders: A meta-analysis. *International Journal of Nursing Studies*, 49(1), 109-121.

Klatt, M. D., Buckworth, J. ve Malarkey, W. B. (2008). Effects of low-dose Mindfulness-based stress reduction (MBSR-ld) on working adults. *Health Education and Behavior*, 36(3), 601-614.

Koster, E., Baert, S. ve De Raedt, R. (2006). Aandachtstraining bij angst en depressie: een wetenschappelijke innovatie met klinische relevantie. *Gedragstherapie*, 39, 243-255.

Lambert, M. J. ve Barley, D. E. (2001). Research summary on the therapeutic relationship and psychotherapy outcome. *Psychotherapy: Theory, Research, Practice, Training*, 38(4), 357-361.

Lambert, M. J. ve Barley, D. E. (2002). Research summary on the therapeutic relationship and psychotherapy outcome. İçinde: J. C. Norcross (Ed.), *Psychotherapy relationships that work: Therapist contributions and responsiveness to patients.* New York: Oxford University Press.

Lobbestael, J., Vreeswijk, M. F. van ve Arntz, A. (2007). Shedding light on schema modes: A clarification of the mode concept and its current research status. *Netherlands Journal of Psychology*, 63, 76-85.

Lutz, A., Slagter, H. A., Dunne, J. D. ve Davidson, R. J. (2008). Attention regulation and monitoring in meditation. *Trends in Cognitive Sciences*, 12, 163-169.

Ma, S. H. ve Teasdale, J. D. (2004). Mindfulness-Based Cognitive Therapy for depression: Replication and exploration of differential relapse prevention effects. *Journal of Consulting and Clinical Psychology*, 72, 31-40.

McCabe, S. B. ve Toman, P. E. (2000). Stimulus exposure duration in a deployment-of-attention task: Effects on dysphoric, recently dysphoric, and nondysphoric individuals. *Cognition and Emotion*, 14, 125-142.

McManus, F., Surawy, C., Muse, K., Vazquez-Montes, M. ve Williams, J. M. (2012). A randomized clinical trial of Mindfulness-based cognitive therapy versus unrestricted services for health anxiety (hypochondriasis). *Journal of Consulting and Clinical Psychology*, 80(5), 817-828.

Nadort, M., Dyck, R. van, Smit, J. H., Arntz, A., Spinhoven, P., Wensing, M., Giesen-Bloo, J. ve Asselt, T. van (2009). Implementation of out-patient schema focused therapy for borderline personality disorder in general psychiatry.

Onraedt, T., Koster, E., Geraerts, E., Lissnyder, E. de ve Raedt, R. de (2011). Werkgeheugen en depressie. *De Psycholoog*, 14-24.

Perich, T., Manacavasgar, V., Mitchell, P. ve Ball, J. (2013). The association between meditation practice and treatment outcome in Mindfulness-Based Cognitive Therapy for bipolar disorder. *Behaviour Research and Therapy*, 51(7), 338-343.

Piet, J. ve Hougaard, E. (2011). The effect of Mindfulness-based cognitive therapy for prevention of relapse in recurrent major depressive disorder: A systematic review and meta-analysis. *Clinical Psychology Review*, 31, 1032-1040.

Posner, M. I. ve Petersen, S. E. (1990). The attention system of the human brain. *Annual Review of Neuroscience*, 13, 25-42.

Posner, M. I. & Rothbart, M. K. (1998). Attention, self-regulation and consciousness. *Philosophical Transactions of the Royal Society* B, 353, 1915-1927.

Rapgay, L., Bystritsky, A., Dafter, R. E. ve Spearman, M. (2011). New strategies for combining Mindfulness with integrative cognitive behavioral therapy for the treatment of generalized anxiety disorder. *Journal of Rational-Emotive & Cognitive Behavior Therapy*, 29(2), 92-119. doi: 10.1007/s10942-009-0095-z.

Rapgay, L. Ross, J. L., Petersen, O., Izquierdo, C., Harms, M., Hawa, S. ve Couper, G. (2013). A proposed protocol integrating classical Mindfulness with prolonged exposure therapy to treat posttraumatic stress disorder. *Mindfulness*, 2, 1-14.

Renner, F., Goor, M. van, Huibers, M., Arntz, A., Butz, B. ve Bernstein, D. (2013). Short-term group schema cognitive-behavioral therapy for young adults with personality disorders and personality features: Associations with changes in symptomatic distress, schema, schema modes and coping styles. *Behaviour Research and Therapy*, 51, 487-492.

Rijkeboer, M. M., Genderen, H. van ve Arntz. A. (2007). Schemagerichte therapie. İçinde: E. H. M. Eurelings-Bontekoe, R. Verheul ve W. M. Snellen (Eds.), *Handboek persoonlijkheids-pathologie* (ss. 285-302). Houten: Bohn Stafleu van Loghum.

Schmidt, N. B., Joiner, T. E., Young, J. E., ve Telch, M. J. (1995). The Schema Questionnaire: Investigation of psychometric properties and the hierarchical structure of a measure of maladaptive schema. *Cognitive Therapy and Research*, 19, 295-231.

Segal, Z. V., Williams, J. M. G. ve Teasdale, J. D. (2002). *Mindfulness-Based Cognitive Therapy for depression.* New York: Guilford Press.

Segal, Z. V., Williams, J. M. G. ve Teasdale, J. D. (2013). *Mindfulness-Based Cognitive Therapy for depression* (2. basım). New York: Guilford Press.

Siegle, G. J., Ghinassi, F. ve Thase, M. E. (2007). Neurobehavioral therapies in the 21st century. Summary of an emerging field and an extended example of cognitive control training for depression. *Cognitive Therapy and Research*, 31, 235-262.

Simpson, S. G., Morrow, E., Vreeswijk, M. F. van ve Reid, C. (2010). Schema therapy for eating disorders: A pilot study. doi: 10.3389/fpsyg.2010.001.

Smalley, S. L. ve Winston, D. (2010). *Fully present: The science, art, and practice of Mindfulness.* Cambridge, UK: Da Capo.

Teasdale, J. D., Segal Z. V. ve Williams, J. M. G. (1995). How does cognitive therapy prevent relapse and why should attentional control (Mindfulness) training help? *Behaviour Research and Therapy*, 33, 225-239.

Teasdale, J. D., Segal, Z. V., Williams, J. M. G., Ridgeway, V. A., Soulsby, J. M. ve Lau, M. A. (2000). Prevention of relapse/recurrence in major depression by Mindfulness-Based Cognitive Therapy. *Journal of Consulting and Clinical Psychology*, 68, 615-623.

Treanor, M. (2011). The potential impact of Mindfulness as exposure and extinction learning in anxiety disorders. *Clinical Psychology Review*, 4, 617-675.

Vettese, L., Toneatto, T., Stea, J., Nguyen, L. ve Wang, J. (2009). Do Mindfulness meditation participants do their homework? And does it make a difference? A review of the empirical evidence. *Journal of Cognitive Psychotherapy*, 23, 198-225.

Vøllestad, J., Nielsen M. B. ve Nielsen, G. H. (2012). Mindfulness- and acceptance-based interventions for anxiety disorders: A systematic review and meta-analysis. *British Journal of Clinical Psychology*, 51(3), 239-260.

Vreeswijk, M. F. van, Broersen, J. ve Nadort, M. (2012). *The Wiley-Blackwell handbook of Schema Therapy, theory, research, and practice.* Oxford: Wiley-Blackwell.

Vreeswijk, M. F. van, Spinhoven, P., Eurlings-Bontekoe, E. H. M. ve Broersen, J. (2012). Changes in symptom severity, schemas and modes in heterogeneous psychiatric patient groups following short-term schema cognitive-behavioural group therapy: A naturalistic pre-treatment and post-treatment design in an outpatient clinic. *Clinical Psychology & Psychotherapy.* doi: 10.1002/cpp.1813.

Wampold, B. E. (2001). *The great psychotherapy debate.* New York: Lawrence Erlbaum.

Watson, D. (2005). Rethinking the mood and anxiety disorders: A quantitative hierarchical model for DSM-V. *Journal of Abnormal Psychology*, 114, 522-536.

Williams, J. M. G., Teasdale, J. D., Segal, Z. ve Kabat-Zinn, J. (2007). *Mindfulness en bevrijding van depressie.* Amsterdam: Uitgeverij Nieuwezijds.

Young, J. E., Klosko, J. S. ve Weishaar, M. E. (2003). *Schema Therapy. A practitioner's guide.* New York: Guilford Press.

Young, J., Arntz, A., Atkinson, T., Lobbestael, J., Weishaar, M., Vreeswijk, M. F. van ve Klokman, J. (2007). *Schema Mode Inventory (SMI version 1).* New York: Schema Therapy Institute.

KISALTMALAR

AOP = **Aktarım Odaklı Psikoterapi**
(Transference-Focused Therapy - AFT)

BBMÖ = **Beş Boyutlu Mindfulness Ölçeği**
(Five Facet Mindfulness Questionnaire - FFMQ)

DDT = **Diyalektik Davranışçı Terapi**
(Dialectical Behavioral Theraphy - DBT)

EBA = **Etkileşen Bilişsel Alt-sistemler**
(Interacting Cognitive Subsystems - ICS)

GHDY = **Göz Hareketleri ile Duyarsızlaştırma ve Yeniden-işleme**
(Eye Movement Desensitization and Reprocessing - EMDR)

İGD = **İşlevselliğin Genel Değerlendirilmesi**
(Global Assessment of Functioning - GAF)

KKT = **Kabul ve Kararlılık Terapisi**
(Acceptance and Commitment Theraphy - ACT)

KMBE = **Kentucky Mindfulness Beceri Envanteri**
(The Kentucky Inventory of Mindfulness Skill - KIMS)

KSE = **Kısa Semptom Envanteri**
(Brief Symptom Inventory - BSI)

MDFA = **Mindfulness Dikkat ve Farkındalık Ölçeği**
(The Mindfulness Attention and Awareness Scale - MAAS)

MTBT = **Mindfulness Temelli Bilişsel Terapi**
(Mindfulness-Based Cognitive Therapy - MBCT)

MTM = **Mindfulness Temelli Müdahaleler**
(Mindfulness-Based Interventions - MBIs)

MTSA = **Mindfulness Temelli Stres Azaltma**
(Mindfulness-Based Stress Reduction - MBSR)

MTT = **Mindfulness Temelli Terapi**
(Mindfulness-Based Theraphy - MBT)

RKUD = **Rasgele-seçkili Kontrollü Uygulama Denemeleri**
(Randomized Controlled Trials - RCTs)

ŞME = **Şema Mod Envanteri**
(Schema Mode Inventory - SMI-1)

ŞMTBT = **Şema Mindfulness Temelli Bilişsel Terapi**
(schema Mindfulness-Based Cognitive Therapy - sMBCT)

TFÖ = **Toronto bilgece-Farkındalık Ölçeği**
(The Toronto Mindfulness Scale - TMS)

YŞÖ = **Young Şema Ölçeği**
(Young Schema Questionnaire - YSQ)

YAZARLAR HAKKINDA

Michiel van Vreeswijk (MSc), klinik psikolog, psikoterapist, bilişsel-davranışçı terapist, sertifikalı şema terapi yöneticisi ve Hollanda'da G-Kracht Ruh Sağlığı Hizmetleri Enstitüsü'nde eşyöneticidir. Hollanda'da psikolog ve psikiyatrlar için çeşitli yüksek lisans sonrası eğitim enstitüsünde, şema terapi ve bilişsel-davranışçı terapi eğitmenliği yapmaktadır. Aynı zamanda, RINO Grup'ta sağlık alanında çalışan psikologların psikolojik tanı ve değerlendirme eğitiminde öğretim görevlisi olarak çalışmaktadır. Sıklıkla, Birleşik Krallık, Almanya ve diğer ülkelerde şema terapi atölyeleri ve Uluslararası Şema Terapi Topluluğu'nda (ISST) konferanslar vermektedir. Ana araştırma konusu gruplar için şema terapi olup, İngilizce, Almanca ve Hollandaca dillerinde çok sayıda akademik makale ve kitabın yazarlığını yapmıştır.

Jenny Broersen (MSc), sağlık alanında uzmanlaşmış psikolog ve psikoterapisttir. Bilişsel-davranışçı terapi ve şema terapi yöneticisidir (Hollanda'nın ve Uluslararası Şema Terapi Birliği'inin kayıtlı Şema Terapi yöneticisidir). Son 15 yıldır, ayaktan tedavi sağlayan ve günlük tedavi veren kurumlarda çalışmıştır. Meslekdaşı Marjon Nadort ile birlikte, Amsterdam'daki G-Kracht psychomedisch centrum BV'de saha yöneticiliği yapmaktadır. Aynı zamanda, Hollanda'nın Delft şehrinde GGZ Delfland Ruh Sağlığı Hizmetleri Enstitüsü'nde çalışmaktadır. Birçok şema terapi kitabının, kitap bölümlerinin ve akademik makalelerin eşyazarlığını ve editörlüğünü yapmıştır ve yüksek lisans sonrası şema terapi ve bilişsel-davranışçı terapi dersleri vermektedir.

Ger Schurink, MSc, psikoterapist, sağlık alanında uzmanlaşmış psikolog ve bilişsel-davranışçı terapisttir. Sertifikalı bilişsel-davranışçı terapi yöneticisi ve Mindfulness Temelli Bilişsel Terapi eğitmenidir ve Hollanda'da özel muayenehanesi vardır. Birçok kitabın ve akademik makalenin yazarlığını yapmıştır.

Editörün Notu: Hollanda psikolojik hizmetler alanında sahip olunan profesyonel dereceler Türkiye'deki sistemden farklılık göstermektedir. Psikoloji alanında alınmış lisans ve lisansüstü derecelerinden sonra, alanda aktif çalışan psikologların meslek içi ileri düzey eğitimlerine "post-doc eğitim" adı verilir. Bu eğitimle alınan dereceler ulusal düzeyde kayıtlı bir sisteme bağlı olarak denetlenmektedir. Bu sistemde, eğitimin uzunluğuna ve deneyim yoğunluğuna göre sırayla "sağlık alanında çalışan psikolog", "psikoterapist" ve araştırma yürütme ve klinik yönetme ehliyetine sahip "klinik psikolog" dereceleri vardır.